D0190018

Las llaves de la ciudad

Un mosaico de México

David Lida

Las llaves de la ciudad

Un mosaico de México

David Lida

Prólogo de Juan Villoro

sextopiso

Primera edición en español: 2008

Fotografía de portada
Marco Antonio Cruz
Ciudad de México, 1985
plata/gelatina
Cortesía Galería López Quiroga

San Miguel # 36
Colonia Barrio San Lucas
Coyoacán, 04030
México D.F., México

www.sextopiso.com

Diseño de portada
Daniel Zúñiga

ISBN 10: 968-5679-65-7
ISBN 13: 978-968-5679-65-7

Impreso y hecho en México

ÍNDICE

Para Sergio González Rodríguez,
mi hermano mexicano

EL TALLER DEL CERRAJERO

Juan Villoro

Las ciudades del mundo celebran una ceremonia un tanto extraña en la que entregan sus llaves a una persona que no vive ni vivirá ahí. Se trata de un gesto de hospitalidad cuya simbología transmite el encanto de lo irreal: la ciudad no tiene puertas y la llave es del tamaño de un cetro de Miss Universo.

David Lida se ha propuesto encontrar llaves más genuinas para las cerraduras de la ciudad de México. Desde hace años vive entre nosotros, con la capacidad de adaptación de quien llegó para quedarse y la mirada sorprendida de quien no ha acabado de desempacar. En varias ocasiones he sido testigo de su pericia para relacionarse con el entorno urbano. Acepta lo distinto con la naturalidad de quien prefiere aprender que juzgar y sabe escoger el rincón donde sucederá algo peculiar.

La inabarcable ciudad de México desafía las brújulas y los mapas del hombre. Una de las experiencias más comunes en el Valle de Anáhuac consiste en estar perdido. Para compensar esta continua desorientación, los chilangos nos aferramos a ciertas costumbres, ciertos sitios, ciertos horarios.

Los cambios de la ciudad generan un vértigo de parque temático. Cuando nací, había cuatro millones de capitalinos; según el censo o el estudio demoscópico que uno consulte, hoy sumamos catorce, quince o veinte millones de habitantes. El D.F. y la zona conurbada se han transformado a tal ritmo que el espacio no puede ser visto como una categoría fija. Estamos ante una metrópoli nómada, que migra hacia sí misma. El poeta Eduardo Lizalde ha descrito lo que un tigre fugitivo percibe en nuestras calles infinitas: siente que la ciudad anda suelta.

En un territorio donde hasta las estatuas cambian de lugar, el chilango trata de poner en práctica el difícil arte de ser un animal de costumbres.

Suelo ir a los mismos sitos a pedir los mismos platillos en compañía de las mismas personas. Más que un carácter obsesivo, en el D.F. esto denota una nostalgia por el sentido de la pertenencia. Cuando trabé amistad con David Lida, me hizo ir a sitios que a él le resultaban familiares y yo había relegado al *finis terrae* de los mapas antiguos (la desconocida orilla donde un rollizo Eolo sopla tempestades).

Una de las virtudes de los visitantes es que buscan sitios no sancionados por la rutina. Su estancia en la ciudad comienza de cero. Para ellos, cualquier sitio puede ser el primer sitio. Lejos de los consejos familiares, escolares, amistosos o gremiales, cruzan los umbrales según el dictado de sus corazonadas.

Con David he conocido cantinas de esplendor a las que mi método de supervivencia me impedía llegar. Quien se sabe en el caos tiene fantasías de orden, asume la reiteración como sinónimo de la cordura y cree en el hábito como generador de significado.

En recintos para mí inusuales, David conoce al bolero por su nombre de pila, está al tanto de los predicamentos del vendedor de lotería y sabe que los viernes hay ceviche de callo de hacha.

Libre de los prejuicios y las prenociones que de manera inevitable afectan al cronista local, Lida despliega una cartografía donde los puntos cardinales dependen de la intuición. No busca lo típico o lo representativo ni planea una guía Michelin con ponderadas estrellas para turistas del espíritu. Su enfoque tiene la novedad del viajero sentimental que obedece a los intereses con los que llegó de lejos y la empatía de quien acepta razones que no son suyas.

Lida representa un extraño caso migratorio en los anales de la literatura estadounidense: solicitó y obtuvo la nacionalidad mexicana. El gesto, que podría ser visto como una extravagancia burocrática, refrenda y avala sus escritos. Lida merece carta de naturalización por la forma en que entiende su país de preferencia.

No le interesa el color local, el exotismo ni el México de exportación, tributario de la antropología y los prestigios de Buñuel o Frida Kahlo. No busca lo que ya tuvo éxito en el trasvase de culturas. En este sentido, se ubica en la esquina opuesta del ring del australiano Peter Finlay, que publica con el seudónimo de DCB Pierre y a quien Lida entrevistó con la respetuosa curiosidad que determina sus diálogos.

El autor de *Las llaves de la ciudad* no contradice a sus testigos, deja que cada uno de ellos muestre lo que lleva dentro. Al hablar con el efectista autor de la novela *Vernon God Little*, se limita a decir que la crítica norteamericana lo ha considerado «obvio, lleno de clichés y poco sutil». Luego le pregunta por qué aún se siente mexicano. DCB Pierre contesta con un folklórico candor que hace innecesario otro cuestionamiento: «Porque aun sin trono ni reina mi palabra sigue siendo la ley. Porque igual me burlo de la vida y de la muerte. Por bohemio y trovador. Por hijo de la chingada y santo. Por grosero. Porque el miedo no anda en canguro. Porque México se quedó con toda mi lana, las vidas de mis cuates y mi alma. Porque al final de cuentas los gabachos nos la pelan. Si hasta espinas me salen, güey». Cuestionable ganador del Booker Prize, DCB Pierre merecería el Premio Juan Charrasqueado por el bravío canto a su falo tricolor. David Lida no lo critica; sencillamente lo refleja en el imparcial espejo de este libro.

Algo parecido ocurre cuando entrevista a un nazi vernáculo, vendedor de suásticas en el mercado de La Lagunilla. Lida concede al otro la voz cantante y reproduce con pulso firme sus aberraciones históricas: el holocausto no ocurrió, los judíos han creado una ficción. En tono pausado, el cronista informa a su interlocutor que buena parte de su familia fue asesinada por los nazis. El hombre de las suásticas insiste en su desvarío. El pensamiento único no cambia de canal. Lida tiene la elegancia de no aportar esta conclusión; es el lector quien la formula a partir del intercambio entre el nazi que sólo conoce las certezas y el periodista que cree en el valor de las preguntas.

El cerrajero sabe que cada puerta depende de una combinación específica. La ética de su oficio impide entrar a un sitio a patadas. Lida no irrumpe en pos de un sorpresivo exceso, un decomiso amarillista para su crónica. No es el gringo hiperventilado que anhela horrores sobrenaturales para aderezar su crónica con tortillas radiactivas y mariachis de seis brazos. Este cerrajero no fabrica llaves maestras: en sus manos, cada cerradura recibe un trato diferente.

Animada por la diversidad, su errancia admite lo insólito y lo común. Incluso lo que no le gusta reclama su interés. En este sentido, su aventura se parece a la del pintor irlandés Phil Kelly, que se interesó en Oaxaca porque podía matarlo con más eficacia que el alcohol. Una de las mejores piezas de este libro es el perfil de Kelly, que desayuna una botella de vino con la calma de quien revierte el milagro de Cristo y transforma elíxires en agua para el organismo.

Las motivaciones del arte son tan variadas como el número de los iluminados. Los vibrantes cuadros que Kelly hizo de la Torre Mayor provienen de una decepción. El pintor se interesó en el edifico porque le pareció horrendo, es decir, digno de ser superado en la tela. Ajeno a toda moda, Kelly transciende el espanto con sus pinceles. Si otros artistas atacan el lienzo hasta devastarlo, él ataca la devastación hasta transfigurarla en lienzo. Un raro placer emana de sus obras. Como en Bacon, el horror sigue ahí pero convertido en materia disfrutable. Lo que no debería suceder ha sucedido. Un contrabando estético: el deterioro es visto de otra forma sin dejar de ser un deterioro. La basura no se recicla en algo «bonito»; gana una fuerza desafiante.

Esta operación artística es tan personal como el tétrico y explosivo coctel inventado por el pintor (una mezcla de vino, 7-up, limón y vodka). Aunque el temperamento de Lida es más reposado, al igual que Kelly se deja atraer por lo que no le gusta para transformarlo en arte. Cuando llegó aquí, la ciudad le olió a podrido, pero eso no le disgustó en lo más mínimo: «siento la atracción por la decadencia, la insalubridad, las cosas que te hacen daño».

En las páginas de *Las llaves de la ciudad* deambulan los despojos de la pordiosería —gente de alcantarilla cuyo paraíso viene en un bote de pegamento— y los magnates temerosos de que el país cambie —los blindados habitantes de las «mansiones del limbo», como las llama Dominick Dunne—; pero también comparecen quienes muestran su diferencia con orgullo y fundan su hogar en medio de lo inhóspito. Lida se mueve con soltura en los extremos sociales, es el Boswell de los millonarios y el cómplice de los descastados.

¿Cómo articular un entorno inconmensurable? Lida no se fija en edificios sino en personas, y las distingue por actividades. Su estrategia es la del coleccionista de oficios. Indaga profesiones y rara vez se aparta de esa ruta. El misterio del diálogo estriba en lo siguiente: al decir una cosa el testigo habla de otra. Cuando se refieren a su trabajo, los informantes de Lida ofrecen reveladores trozos de vida interior, confesiones que ocurren porque creen que siguen hablado de su trabajo.

En este libro el espacio urbano se infiere por lo que dicen los protagonistas. Las calles inabarcables adquieren el rostro cierto y próximo de la niña que desayuna Limpiador Dismex en el Jardín Pushkin, donde hace medio siglo Luis Buñuel filmó *Los olvidados*; el detective que hace el psicoanálisis de sus clientes; el viejo que canta boleros y anhela que se acabe el tiempo; la estrella del porno que descifra el alfabeto de las miradas.

Incluso cuando se interesa en la cartografía, Lida hace que el tema encarne en una persona. Entrevista al heredero de la dinastía de los Roji, que desde 1928 imprime el mapa de uso común de la ciudad. Cada año, 750 mil personas compran la Guía Roji. El dato contribuye al desconcierto: sólo un magro porcentaje de chilangos dispone de información actualizada para orientarse.

En su excepcional lotería de personajes, Lida privilegia lo híbrido, los cruces culturales: la escultural paseadora de perros que entiende la psicología canina; el travesti que se quedó sordo por las golpizas de su padre e inventó su propio lenguaje de señas; el barman que prepara remedios para alcohólicos, como el coctel Marcianito Limón, misterio extraterrestre que sabe a licor sin contener gradación alguna; el astrólogo azteca que adivina el destino con un margen de error del 2% y descubre que el alma de un cliente puede mejorar si se dedica al Photoshop.

Por momentos, el cronista parece deponer su lógica de investigador de oficios. Conversa con el escritor Guillermo Fadanelli acerca del alcohol y el deterioro del cuerpo hasta que resulta obvio que ese seminario sobre camisas, tallas de pantalones y parrandas es una lección de estética.

Ante la reacia realidad, David Lida pule las muescas de sus llaves para descifrar cerraduras.

Bienvenidos a este singular territorio de la crónica, donde todas las puertas están abiertas.

PRÓLOGO

La Ciudad de México me daba miedo. En su momento creí en la propaganda predominante, que la retrataba como un caos contaminado y sobrepoblado, lleno de testimonios de pobreza insuperable. Me imaginaba a los mendigos sin brazos de Calcuta, que supuestamente blandían los muñones en las caras de los turistas, con la esperanza de conseguir una limosna mediante dicha demostración. Así, en el transcurso de cuatro años, durante varios viajes a diferentes partes de la República, no me atreví a poner un pie en la capital.

Pero en unas vacaciones llegó un día en el que, entre vuelos, no pude evitar pasar un día y una noche en el Distrito Federal. Y en el recorrido en taxi entre el aeropuerto y el hotel, me enamoré. Me asombraron las calles del centro histórico, con sus edificios de piedra masivos. Me cautivó el contraste entre la grandeza de estas estructuras y la humildad de los oficinistas que deambulaban por las banquetas, el bolero sonriente frente a su puesto de color naranja eléctrico, la matrona de carne flácida en la falda azul, que me imploraba que le comprara tacos de canasta *sudados*. En el vidrio de un restaurante vi con fascinación el cadáver de un cabrito, estirado y asándose sobre un fuego lento de madera. Me imaginé que en cualquier momento unos cavernícolas iban a llegar a devorárselo.

Esa misma tarde, tomé un café en la terraza de un hotel que daba al Zócalo. Una multitud llegó para apoyar a unos maestros en huelga. Antes del crepúsculo, eran cien mil, pero horas después, todos desaparecieron. La plaza quedó vacía, como si hubiera sido una alucinación.

En la noche me extravié por las calles llenas de historia, iluminadas con una luz tan tenue que parecían una postal en blanco y negro. Como de una película italiana de la posguerra, unos sujetos en trajes ajustados se encontraban ocultos cerca de los postes, con cigarillos colgados de los labios. En una cafetería, comí tamales envueltos en hojas de plátano, rellenos con carne de puerco picante. Tomé tequila en un bar oscuro, donde un hombre redondo con pelo engominado y bigotitos cantaba boleros, acompañado por tres guitarristas que llenaban cada frase con una abundancia de notas.

Sobre el eje central Lázaro Cárdenas descubrí el Teatro Blanquita, donde llegué para el final de un vodevil, y vi el cuerpo exquisito y casi desnudo de la *vedette* Sasha Montenegro (que un par de años más tarde, se casó con el ex presidente José López Portillo), y para el gran final, la orquesta de Pérez Prado, el rey del mambo.

La Ciudad de México apestaba. Olía como si yo me hubiera acostado debajo del tubo de escape de un coche en marcha. Sin embargo, siento atracción por la decadencia, la insalubridad, las cosas que te hacen daño, que recuerdan a Daisy Miller, devorada de un bocado por la vieja Roma.

Antes de dormir, medio borracho en la madrugada, vi a un grupo solitario de soldados en uniformes hechos para hombres más grandes y fornidos que ellos, fumando en el Zócalo vacío. Por desgracia, tuve que salir a la mañana siguiente, pero había sido seducido por la ciudad, por la sensación de contraste, de sorpresa, hasta de tumulto. No sabía cómo nombrarlo, pero intuía que había algo para mí en el D.F. Al poco tiempo, me mudé a vivir aquí.

Tanto Carlos Fuentes como Juan Villoro han dicho que ya no se puede escribir de la Ciudad de México como una totalidad: es demasiado grande, dividida, fragmentada. Probablemente tengan razón. Sin embargo, durante años de absorberla, se me ha ocurrido que uno podría construir un libro del D.F. en forma de mosaico, a través de la gente que la habita. Sin duda, es un proyecto quijotesco. Pero espero que se lea como una carta de amor a toda la gente que me ha mantenido vivo, despierto y nunca aburrido, y aún aquí después de tanto tiempo.

ROTONDA DE PERSONAJES ILUSTRES

ASTROLOGÍA AZTECA

Vamos a ver, ¿quiénes son estas niñas tan bonitas? ¿Tú en qué fecha naciste?

De una manera tímida, tres hermanas se acercan al puesto del «astrólogo azteca», un señor que da consultas cada sábado y domingo en el mercado de pulgas del camellón de Álvaro Obregón, en la colonia Roma.

Tienes el signo del conejo combinado con movimiento. En el lado del conejo eres bohemia, romántica, soñadora. Eres muy sensible a las fases de la luna —puedes estar muy contenta pero también tiendes a la depresión—. Eres muy fértil, casi puedes quedar embarazada después de un apapacho.

Por muy «azteca» que sea, el astrólogo Manuel Plata, de sesenta y tres años, tiene la tez blanca, los ojos del color de la cáscara de una nuez y una cierta presencia que le confiere autoridad. Si se vistiera con traje y corbata en lugar de la camisa indígena bordada, se parecería a un industrial o a un locutor de televisión.

Cuidado con los chismes. Eres muy chismosa y lo peor es que la gente te cree.

Plata estudió leyes en la UNAM y ejerció derecho laboral durante tres años. «No me gustaba», dice. «En este país hay una incongruencia entre la justicia y la realidad». También trabajó como diseñador gráfico en el periódico *El Universal*.

El momento decisivo de su vida fue cuando empezó a trabajar en el centro de capacitación campesina en la CONASUPO. «Los campesinos me enseñaron más que yo a ellos», explica. «Aprendí su forma de interpretar la naturaleza, la vida más sencilla y menos compleja. Aunque tienen carencias de organización y administración, es gente muy sabia y muy capaz.»

Luego estudió danza azteca en un centro ceremonial en la calle Tacuba. Los brujos le enseñaron cómo curar «espantos, vergüenzas y el mal de ojo». Hace siete años, unos antropólogos le enseñaron cómo leer las cartas astrales según el calendario azteca.

Y tú, niña, eres lagartija con agua. La lagartija indica nerviosismo, pero nunca tendrás que preocuparte, si pierdes tu cartera, te van a invitar a comer. Te gusta que te consientan, eres chantajista. Tienes buena salud pero finges que estás enferma para que te apapachen. Puedes tener muchos hijos.

Cobra cincuenta pesos por consulta; le importa menos el dinero que compartir su conocimiento. Dice: «Más que nada, en México, la autoestima de la mujer es muy baja».

—El amor para ti es imprescindible. Vas a tener muchos novios. El problema es que «el agua limpia la mugre de los demás». Nunca soportes la agresión de los hombres, o las groserías. Tienes que establecer tus normas, saber por qué vives, por qué sales a la calle en la mañana. Anótalo. Hay que saber decir: «No me hagan eso». Sé transparente y clara con tu pareja.

Y que: «La gente no sabe a qué dedicarse».

—¿A qué te dedicas?

—Soy actuaria.

—No digo que no debas trabajar como actuaria, pero dedícate también a las computadoras. Pon tu propio negocio. Cómprate Photoshop. O puedes abrir un restaurante.

Plata dice que el margen de error de la astrología azteca es del dos por ciento. «El error es cultural, del estrato social. Un niño de la calle, por mucho que tenga talento e inteligencia, no tiene recursos.» Así, su destino a veces no sigue su signo.

Después de las lecturas, cada hermana escoge siete piedritas. Plata las pone en bolsitas de cuero, pintadas a mano por él, que les regala como amuletos. Él hace sonar una concha grande, produciendo un sonido parecido al grito de un elefante herido. Les da a cada una un apodo azteca: Quiahuitzíhuatl, Cuetzpatzíhuatl y Xochitzín.

Las tres hermanas parecen algo pasmadas. «Es muy, muy certero», dice una antes de que las tres salgan.

Manuel Plata sonríe. La posibilidad de cambiar vidas, aunque sea un poquito, le da una satisfacción enorme.

LAS MEJORES MENTIRAS SON LA VERDAD

En su cuarto, en una casa de ladrillos en Tepepan, Carla le da los toques finales a su maquillaje antes de salir a trabajar. La espera Alín, ya vestida y maquillada, quien ocupa otro cuarto de la casa y trabaja con ella. El cuarto de Carla está decorado con una colección de ositos de peluche, muñecas, ranas («son de buena suerte», dice), abanicos, un tapete de La Última Cena y un altar al Niño de las Palomitas de Tacoaleche, Zacatecas.

Llevan faldas largas y blusas. «No nos gusta nada vulgar», dice Carla. Compran toda su ropa en Xochimilco. «Antes me gustaba mucho ir al centro, pero ahora tengo miedo. Hay cada delincuente...». Trabajan mesereando y fichando en una cervecería que se llama La Vicenta en «Xochi».

En la pared hay una foto de Carla y un cliente que sonríe.

—¿Es tu novio?

—¿Cómo qué? Sólo lo veo en la cantina. Está casado.

Alín, que es sordomuda, saca unos álbumes de fotografías, principalmente de antes de que empezara a vestirse de mujer. Era un chavo fornido de apariencia masculina. Hay un par de fotos de ella como mujer en la cantina, junto a un hombre que tiene los ojos o muy soñadores o muy aturdidos por la cerveza. Haciendo una señal con la forma de un corazón, indica que es su novio. Luego hace el ademán de poner sus manos al volante de un coche y después agita una mano en el aire.

Carla interpreta: el galán es un trailero que está lejos. Carla también tenía un álbum de fotos, con imágenes de ella como hombre y como mujer. Pero un pretendiente se lo quitó: «Uno de tantos cabrones», comenta. «¿Para qué tener novio? Luego te roban».

Carla dice que Alín se quedó sordomuda hace mucho, después de que su padre le diera una paliza brutal. Alín no habla con el lenguaje de signos tradicional, ha inventado su propio idioma. Indicar un anillo en el dedo quiere decir «casado». Las señales de mujer y de hombre son expresiones explícitas de los genitales, y un dedo en el cachete, girado, quiere decir «gay». Según las fotografías, antes de vestirse como mujer, trabajaba como cuidador de niños y en un puesto de hamburguesas.

Anteriormente, Carla trabajó en el negocio familiar, fabricando esculturas de metal hechas con moldes: de Don Quijote, de mujeres desnudas, de toros. Las vendían en la calle, cerca del metro Chilpancingo. Pero luego se aburrió. Algo que nunca le pasa en La Vicenta, ni siquiera en las tardes entre semana cuando hay escasa clientela, dormida con la cabeza sobre las mesas. En esos momentos, explica, «aprovecho para chismear».

Trabajan sin sueldo, de puras propinas. «Antes ganaba mucho», dice Carla, «había clientes que dejaban veinte pesos. Ahora dejan dos o tres». Sin embargo, suelen acumular cincuenta o sesenta pesos, o incluso más un viernes o un sábado. «También hay clientes que nos regalan perfumes, zapatos o ropa interior», agrega. Ciertas meseras sin escrúpulos se aprovechan de los clientes más borrachos y les quitan su dinero. De hecho, la mesera que presentó a Carla y Alín se encuentra actualmente en la cárcel, cumpliendo tres meses por robar a un marinero.

Los clientes suelen ser correctos, menos los tomados, que agarran las nalgas u otras partes de los misteriosos cuerpos de las amigas. Alín tiene la forma femenina gracias a las hormonas, mientras que la de Carla proviene de la pura ilusión. «Las mejores mentiras son la verdad», dice.

No tienen una vida fácil. Alín muestra unos rasguños en su pecho, el resultado de una bronca que tuvo con otra mesera, que le mordió el dedo índice, y le dejó una cicatriz notable. También tiene un chupetón majestuoso en el cuello, hecho por un tipo que la manoseó en la calle unas noches antes.

Alín tiene veinticuatro años, Carla ya treinta y ocho. Su sueño es poner una estética en «Xochi».

Sea mentira, verdad o algo intermedio, asegura, «no siempre voy a vivir de esto».

LAGUNAZIS

Manolo no dice ni que sí ni que no: puede ser que Hitler haya matado a seis millones de judíos y seis millones más de otra gente durante el Holocausto. Y quizá no. «Es muy discutible», opina. «No nací en aquel periodo. No soy de las personas que ven una foto de un individuo, que no conocen, y dicen que es un gran criminal. No soy una persona que permita que lo manipulen. No soy borrego de nadie.»

Después de que un visitante se identifica como judío, que tuvo abuelos, tíos y varios parientes más que murieron en las cámaras de gas en los campos de concentración, Manolo reflexiona: «Probablemente sí pasó y es una tragedia. Pero ¿sabes qué? No es mi problema».

Tiene diez años dedicándose a la venta de la parafernalia nazi en el mercado de La Lagunilla, y cuenta entre sus problemas a los judíos, que a veces pasan por su puesto y lo insultan. La única ideología de Manolo es el comercio, y ve hasta las injurias como una oportunidad. «Les digo, "si quieren quemar esta bandera nazi, ándenle. Cuesta dos mil pesos. Dénme el dinero y la pueden quemar aquí mismo"».

Comenta que muchos de sus clientes «buscan un refuerzo espiritual» y algunos lo encuentran una vez que tienen puesta una playera con el emblema de una esvástica. Manolo los ve como otra oportunidad para vender: «Regresan, y me dicen, "algo tiene la camiseta, ahora tengo ganas de ir a trabajar, o de hacer ejercicio". Y les digo: "Mira, tengo otros modelos"».

Una insignia de la etapa de la Segunda Guerra Mundial cuesta entre mil quinientos y dos mil quinientos pesos y una Cruz de Hierro —galardón a los nazis heridos en batalla— en su estuche original vale quince mil. También fabrica copias, que salen más baratas.

Manolo tiene cuarenta años, y dice que en su niñez los nazis eran considerados como diabólicos. Sin embargo, le fascinaban los uniformes en las películas y los programas de televisión como *Combate*. Saca un casco nazi y lo admira por lo «robusto» y las insignias a los lados. «Es un ícono», dice. Estudió diseño gráfico —prefiere no decir en dónde— e insiste en que admira el «atractivo visual» de la cultura nazi. «Los diseños son muy llamativos. Impartieron gran parte de su ideología a partir de las artes visuales.»

La conversación con Manolo es más coherente que la de los cinco chavos que guardan el puesto unos metros más adelante. Bajo una bandera nazi, venden los libros antijudíos más notorios traducidos al español, entre ellos *Los protocolos de los sabios de Sión* y *Mi lucha*, de Hitler. Insisten en que el Holocausto nunca pasó. «Es una mentira, una trampa, un fraude. Le decimos el "Holocuento"», explica uno que se identifica, apropiadamente, como Adolfo.

Creen tan fervientemente en su causa que no les importa que a la mayoría del mundo le parezcan absurdas las teorías que han leído en los muchos libros que niegan el Holocausto. Por ejemplo, aseguran que en Alemania, durante la guerra, no había el combustible suficiente para quemar a tanta gente, que el mismo inflamable hubiera matado a los nazis también, que las vías de los trenes en Europa fueron dañadas y así no se podían transportar tantos judíos a los campos.

Van más allá: que el *Diario de Ana Frank* es fraudulento porque está escrito con un bolígrafo que no se inventó sino hasta después de la guerra. Que Churchill, Roosevelt y Stalin fueron judíos. Que hoy en día, Coca-Cola y Pepsi apoyan el sionismo, y que los judíos manejan el narcotráfico internacional desde el cuarto piso de la Bolsa de Valores de Wall Street en Nueva York. ¿Y por qué no sabíamos todo eso? Obvio: los judíos controlan todos los medios del universo. Aguas, mexicanos: Televisa también va a caer pronto.

—¿Emilio Azcárraga Jean es judío?

—Él no, su esposa sí. Si tienen un hijo que herede Televisa, será judío.

Cuando el visitante les informa que casi toda la familia de su madre murió en los campos, lo ven como un pobre malinformado. Adolfo le asegura que los que no se murieron peleando contra Hitler deben estar por allí todavía, en alguna parte de Polonia.

DETÉN EL TIEMPO EN TUS MANOS

Ni en sueños saldría de su casa sin el traje de tres piezas y la corbata perfectamente anudada. De día trae sombrero.

—El sol no me ha pegado en años —dice.

Empieza su jornada de trabajo más o menos a las cuatro de la tarde, según su humor.

—No tengo horario —explica—. Si está flojo, regreso a mi casa a la una de la mañana. Si hay *business*, trabajo hasta la madrugada.

Guitarra en mano, deambula por varios antros de la colonia Tabacalera: el Oxford, el Carlton, el Moran y el Latino. A veinte pesos la canción, hace serenatas para los parroquianos, los clientes que pasan por la zona de tanto en tanto y los turistas europeos de mochila, que aprovechan los bajos precios de los cuartos de hotel de la zona (normalmente rentados para visitas de paso).

Se llama Carlitos y tiene setenta y nueve años. Conoce todo el repertorio de la canción romántica latinoamericana anterior a 1965. Lo que uno quiera de Los Panchos, el catálogo de Agustín Lara, mucha de la trova yucateca. Los numeritos previsibles: *Bésame mucho*, *Sabor a mí*, *Frenesí*.

—Ya me tocó *Bonita* seis veces esta noche. Me fastidio, pero ¿qué me queda?

Tiene más de veinticinco años de trovador ambulante. Le gusta.

—Seguiré solo hasta que me vaya al otro mundo.

No siempre fue así. Durante muchos años formó parte del trío Los Soberanos, que en los años sesenta cantaba para María Félix, Cantinflas, Arturo de Córdova y Lara mismo. Las fiestas particulares eran el mejor *business* —los contrataron en el club de golf de Acapulco, en yates, en salas privadas de Hermosillo a Villahermosa—.

—*Pa'* que te cuento, eso fue hace mucho.

El trío tocó en Las Vegas, «cuando el peso estaba a doce cincuenta por dólar», dice. No se acuerda en qué hotel actuaron, pero se hospedaron en el Frontier. Sus diez días allí fueron tan exitosos que querían contratarlos para más tiempo. Pero Charlton Heston —en aquel entonces presidente del sindicato de actores en Estados Unidos— se los prohibió.

—No podían darnos contrato sin tener residencia de tres meses —dice Carlitos. Hay una mirada de añoranza en sus ojos café—. Quién sabe, a lo mejor hubiera hecho carrera en Hollywood.

Trabajar en varios sitios no le permite hablar mal de ninguno, pero una noche reciente habló bien del Bar Oxford, donde se encontraba.

—Hasta me duermo aquí a ratos, allí en el rinconcito —dice—; una costumbre que compartía con otros músicos, una dama de noche y hasta una de las meseras, cuando era un lunes muy flojo.

Cuando toca *El reloj*, uno de los éxitos de Los Soberanos, se le nota la red de venas en las manos, las arrugas de la frente, el cabello canoso y escaso aunque perfectamente peinado, los enormes lóbulos de las orejas que —según el horóscopo chino— significan una vida larga.

A pesar de los años sigue tocando la guitarra con destreza, produciendo un sonido lleno de emoción. Su voz es dulce, triste y ronca. Aunque no tiene la fuerza de antaño, es la voz de un ángel envejecido.

Detén el tiempo en tus manos, haz esta noche perpetua...

Los sentimientos de Carlitos parecen opuestos a los de la canción. Dice que pretende trabajar un año más y ya.

—Ya no quiero. Estoy empapado de muchas cosas. Lo único que quiero es descansar.

Tampoco sueña con una vida demasiado larga.

—Quiero unos dos años más. Los viejos estorban.

AMORES PERROS

Alta, escultural, de una belleza formidable, Mariam Gutiérrez de Velasco de la Fuente ondula por los camellones de la colonia Condesa bien acompañada. O mal, según el punto de vista o las alergias de uno. Suele caminar con por lo menos siete perros y a veces más, depende de su trabajo. Es entrenadora.

Los siete le pertenecen a ella y los demás son las mascotas de sus clientes. Cada uno de sus perros tiene nombre y apellido. Por ejemplo, está Shultes von Fraïka, nombrado así porque, según Gutiérrez: «es un lord alemán. Muy bien portado, siempre obedece, nunca lo tengo que regañar». Sin embargo, Bamba de Ville lleva el apellido de la villana de *La noche de las narices frías* porque «Es una hija de su chingada». El Negro Gutiérrez «tiene mi apellido porque es como yo, cien por ciento mexicano y muy callejero». A veces, en la noche, El Negro anda solo y regresa a la casa «con tres o cuatro amigos».

Ella suele entrenar a cada perro según su problema específico. «Soy psicóloga canina», dice. «Si el problema es la agresión, se le trabaja este problema. O si es sumisión, falta de seguridad —ponte que cualquier ruido le da miedo, o el primer perro que se ve en la calle le ataca— se le trabaja este problema».

No importa cuáles sean los problemas de los animales, según Gutiérrez: «Me tardo más tiempo en educar a los dueños. Los mexicanos son muy incultos con los perros. Los golpean, los encierran, los azotan, los amarran. No tenemos una cultura de los derechos de los animales. En Estados Unidos aman a los perros. Vi en el Animal Planet que se puede encarcelar a la gente por maltratarlos».

Una vez, un perro la mordió quince veces en el brazo derecho. No le guarda ningún rencor. «Cuando los perros muerden, no es culpa de ellos. No son agresivos por naturaleza. El hombre, por el trato, los hace agresivos. Si a ti te encierran tú también te vuelves loco. Algunos que están encerrados hasta se comen su propia cola».

Gutiérrez no siempre los amó. «De niña, les tenía pavor. Mi padre me dijo que un perro rabioso me mordió cuando tenía un año. Me tuvieron que poner inyecciones en el estómago. Los perros me daban pánico. No los odiaba, simplemente me causaron un trauma. Pero cuando me hice mayor, tuve amigos que me enseñaron a convivir con ellos.»

Dice: «La mayor enseñanza que me han dado los perros es el amor puro, el amor sublime. Ellos saben amar sin condiciones. El ser humano dice: "Si tú haces esto, te quiero, si haces lo otro, no te quiero". El amor humano se basa en el ego, la lucha de poder entre la pareja. El perro te aguanta los peores momentos de tu debilidad y te sigue amando. El amor del perro no sale de su ego sino de su corazón. Si el ser humano fuera así, no habría divorcios ni broncas en la calle ni el machismo mexicano».

Sin embargo, ella concede que un ser humano no es capaz de amar como un perro. Ahorita no tiene novio. «Me gusta el amor humano», dice. «Puedo ceder muchas cosas. Una vez tuve un novio que alucinaba a los perros. Cuando él estaba en la casa los sacaba de la recámara, de mi cama. No subían al coche, no salían conmigo cuando estaba con él». La relación no duró mucho. «Yo los amo, los perros son mi pasión. Quitármelos es como decirle a Beethoven: "No toques el piano"».

Todos sus perros fueron recogidos de la calle. Reconoce que ha sido una especie de Madre Teresa a costa de cuidarse a sí misma. Sus perros ya son viejos y cuando se mueran no piensa reemplazarlos. «Voy a tener dos», dice. «Nada más.»

LOS OLVIDADOS

El viaje de Montse

Su cara es clásicamente mexicana: ovalada, color de nuez, con los ojos de ciervo, enormes e inocentes. El gesto de Montse es serio, cauteloso, pensativo. Cuando baja la guardia y sonríe, es encantadora. Su cabellera negra, lisa y poblada está tapada con una gorra beige de acrílico. A cada rato se mete los dedos para rascarse el cráneo y sacar los piojos, que mata obsesivamente sobre las páginas de una revista, arrugadas por la lluvia. También con insistencia, Montse se rasca su cuerpo casi esquelético.

Montse vive sobre una plataforma en el Jardín Pushkin, en la frontera entre las colonias Roma y Doctores. Tiene trece años y ha vivido en la calle desde los diez. Comparte la plataforma con seis o siete compañeros (dos de los cuales son sus hermanos, Luis Enrique y Jesús Eduardo), un perro blanco con partes negras que se llama Manchas, y una multitud de pulgas y piojos. Duermen encima de tres colchones y varias cobijas, donados por gente del barrio que se compadece de ellos.

Su desayuno viene enlatado. La lata contiene «Limpiador Dismex para PVC», una sustancia tóxica que deshace pegamentos, disponible en cualquier tlapalería por veinte pesos. La venta de tales productos a menores de edad está prohibida por ley, pero Montse ha encontrado ferreterías en la colonia Guerrero donde el personal tiene la «bondad» de vendérselos a escondidas. Moja un pedacito de papel higiénico en el líquido, lo pone en su palma, y se tapa la nariz y la boca con la mano huesuda. Así empieza el viaje.

«Mi madre está en el reclusorio por intento de homicido y robo», dice. Habla despacito, deliberadamente, con una voz monótona, alterada por la droga. «Trató de matar a su hermana». La tía y la madre de Montse son cómplices de robos para obtener dinero con el fin de comprar droga: «Piedra, chocho, activo, alcohol, lo que sea», explica. Su padre, trompetista de un mariachi en la Plaza Garibaldi, no se lleva bien con Montse y sus hermanos, debido a su consumo de drogas.

Según fuentes médicas, los inhalantes dañan el cerebro, el hígado, los riñones y el corazón. Lo que inhala Montse es más tóxico y más adictivo que la previa generación de inhalantes favorecidos por los niños de la calle, principalmente cemento. El cuerpo joven y resistente de Montse sigue funcionando, pero si continúa con la droga, el deterioro irreversible, y quizá la muerte, son cuestión de tiempo.

En las épocas de lluvia y frío, Montse y sus compañeros tapan su plataforma con plástico y corren debajo de los balcones. «O a veces nos aguantamos», dice. Montse asegura que vivir en la calle tiene sus ventajas: «Puedo hacer lo que quiera a la hora que quiera. Nadie me manda». De todos modos, hay momentos difíciles. «A veces los chavos vienen y nos pegan. Vienen de otros barrios, a veces nos tumban. Son muchos», dice.

Conocí a Montse gracias a dos educadores de Casa Alianza, una organización que ayuda a los niños de la calle. Debajo de su ropa holgada, estaba tan flaca que no podía distinguir si era niña o niño. Sin embargo, insiste en que come todos los días.

«Al principio, después de drogarme, no podía. Me daba asco y vomitaba. Ya casi no me pasa. La gente del barrio, de los puestos, del tianguis, nos da comida. Nos da la fruta que ya no quiere. A veces la policía nos trae de comer de la misma comida que ellos comen. A mí me gusta cualquier comida que no tenga verdura o cebolla.»

Sin embargo, una mañana la veo mordiendo una dona cubierta de chocolate. No la puede tragar. Escupe la primera probadita y regala lo demás a un compañero. Se tapa la boca y la nariz con el papelito.

Los olvidados de la plaza Zarco

El Jardín Pushkin se encuentra a tiro de piedra de la plaza Romita, la locación principal donde Luis Buñuel rodó *Los olvidados* en 1950.

Hoy en día, *Los olvidados*, que trata de la vida brutal de los niños de la calle, es considerada un clásico, y fue declarada Patrimonio de la Humanidad por la UNESCO en 2004. Sin embargo, la visión fríamente violenta y desesperada de la película causó un escándalo aquí en su estreno original. Sólo duró tres días en la pantalla. Las «buenas conciencias» la quitaron después de protestas públicas en contra de su perspectiva supuestamente sórdida.

Al ver la película hoy, lo más impactante es su vigencia. El problema de los niños de la calle sigue siendo igual que en los días de Buñuel. Quizás, con la introducción de los inhalantes tóxicos, es peor.

Salí con tres educadores de Casa Yolia, otra organización de trabajo social que ayuda a la población callejera femenina. Me llevaron a la plaza Zarco, cerca del metro Hidalgo. Allí, bajo un sol feroz, había cinco mujeres y siete hombres, todos adolescentes o jóvenes, más tres bebés y cuatro perros. Uno de los hombres, que tenía sólo una pierna y caminaba con muletas, repartía la droga en pedacitos de papel de baño. Las mujeres parecían más o menos limpias, pero los hombres, llenos de costras y manchas, olían como si no se hubieran bañado en meses. Un señor que trabaja en un puesto de mariscos les había regalado un caldo de camarón, pero ni entre todos podían tomarlo. Preferían drogarse.

Una de las mujeres estaba llorando. Explicó a uno de los trabajadores que se quería suicidar porque no había visto a su bebé en meses. Además estaba enferma: le dolían los brazos y las piernas y no se podía mover bien. Otra mujer tenía un bebé en sus brazos babeando en cantidades. Tenían un rollo entero de papel higiénico para llenar con la droga, pero ni siquiera usaban un pedacito para limpiar la boca del bebé.

Gustavo Bertado de Yolia comenta que alrededor del cincuenta por ciento de las muchachas que atiende están embarazadas. Casi todas, eventualmente, tienen que sucumbir al sexo recompensado para su supervivencia. «A las de la plaza Zarco», explica, «intentamos animarlas a dejar a sus bebés con familiares o en casas de adopción».

Cuando los educadores se fueron, casi todos los drogados de la plaza se levantaron para despedirse, con los ojos rojos, las bocas abiertas, los movimientos torpes. Parecía menos un panorama de *Los olvidados* que de *La noche de los muertos vivientes.*

¿Cómo, cuánto, por qué?

Otro día caluroso en la glorieta Simón Bolívar, también sobre Reforma, en la colonia Guerrero. Hay un tufo con fragancia de caballos sudados, fruta podrida, quizás cadáveres. Escondido en los arbustos, está sentado José, de dieciséis años, desnudo de la cintura para arriba. Raúl Coca, coordinador del trabajo de la calle para la organización Pro Niños de la Calle, está tratando de convencerlo para que vaya con él al Centro Día que la fundación tiene, donde José se puede bañar, comer, ver un video.

«Mírate», dice Raúl. «Te ves mal. ¿Por qué no vienes conmigo ahora?»

José contesta con monosílabos, o a veces con gestos, que todos quieren decir que «no». Su cabeza se sacude repentinamente. «Ya regresó tu tic nervioso», dice Coca. «Pensé que te lo habías quitado.» Coca pasa unos quince minutos con José, practicamente rogándole que vuelva con él. Lo más que Coca puede conseguir es una promesa a medias de que el joven irá al día siguiente.

¿Por qué un muchacho preferiría estar sudado entre los arbustos, las pulgas y las ratas, en lugar de en su casa? Según un estudio de Casa Alianza, la gran mayoría de los niños de la calle vive allí porque en sus familias había una violencia tan extrema que la acera les parecía una mejor opción. «La pobreza es el segundo motivo», dice Alejandro Núñez, director de programas de Casa Alianza. A veces los círculos son concéntricos: «El niño se convierte en una fuerza económica para la familia. Sale a trabajar y a veces los padres ponen cuotas de cuánto dinero tiene que traer al regreso. Si no cumple, lo golpean».

Para las niñas, puede ser peor, dice Bertado de Yolia. «En las familias mexicanas, las niñas tienen más responsabilidades que los niños. Suelen tener que cuidar a sus hermanitos, alimentar a los hombres, lavar trastes y ropa: cosas que los niños no hacen. Alrededor de las tareas, hay mucha violencia. La mamá, el padre y los hermanos las golpean porque no les gusta la comida. O a veces las violan. Ellas tienen que salir a la calle para buscar opciones.»

Es imposible decir cuántos niños hay en las calles de la ciudad. Nery López, de Pro Niños, calcula que hay entre tres mil y tres mil quinientos. En sitios de internet sobre el tema, hablan de números mucho más altos, hasta absurdos, como un millón. Más comúnmente, se dice que son entre diez mil y quince mil, pero la tendencia es incluir a los niños que trabajan en la calle vendiendo chicles, boleando zapatos o haciendo malabarismos en las esquinas cuando se para el tráfico. Esta población, aunque labora en la calle, suele vivir bajo techo con la familia.

«Cualquier niño que depende de la calle para su supervivencia es un niño de la calle», dice Núñez, de Casa Alianza. «Los que pasan más tiempo en la calle que en la escuela. Los que para la vida familiar son una responsibilidad económica en lugar de una experiencia afectiva.»

Casi todas las organizaciones recomiendan que no se les dé a los niños ni comida, ni ropa, ni dinero, ni cobijas. «Cada moneda que les das es un mensaje que provoca que sigan viviendo en la calle», dice López, de Pro Niños.

«El cliché es que viven en la miseria: una vida infrahumana, llena de dolor, tristeza, sufrimiento y droga. No lo voy a negar. Pero la otra cara es que la calle es una fiesta. Una pachanga para cualquier chavo. Hay dinero fácil, hay experiencias sexuales tempranas. Tienen libertad, tienen aventuras. Nadie les dice nada y hacen lo que quieren. Piden limosna desde las doce del día hasta las cinco de la tarde, y pueden ganar cien, doscientos o trescientos pesos».

Aunque la caridad es parte de la tradición cristiana en México, López opina: «La caridad busca "hacer el bien". Pero cuando les das dinero, no les estás haciendo bien, les estás dando la oportunidad de seguir viviendo en la calle. Esta moneda que les ibas a dar, es mejor canalizarla a una organización que los pueda atender».

Historia de éxito

Coca, de Pro Niños, merodea las aceras, buscando a los muchachos uno por uno. Allí por el Eje Central está Juan Manuel, a quien llaman *El Payaso*, quizá por su aparencia cantinflesca: la ropa con hoyos cayéndosele, los pelos por todos lados, rasguños en la cara. Raúl lo ha visto antes y todavía no se convence de invitarlo al Centro Día. Concertan una cita para el día siguiente en Garibaldi: si Juan Manuel demuestra que puede cumplir, lo invitará.

Afuera del Teatro Blanquita hay un niño limpiando los parabrisas de los coches que se detienen. Está acompañado por una chava, visiblemente embarazada. «Es más difícil cuando tienen novia y van a ser padres», dice Raúl. «¿Qué tipo de vida van a tener?». Les digo: «Está bien si quieres cuidar a tu chava y a tu bebé, pero primero tienes que cuidarte a ti mismo».

Pasamos por Brian, que duerme entre cuatro perros en la glorieta de Salto del Agua, y Jorge, que trabaja cuidando un puesto de relojes y pilas afuera del Mercado de San Juan. Tiene cicatrices en el brazo, resultado de una pelea callejera unos días antes. No se quiere comprometer a volver al Centro Día.

Pro Niños dice que desde que empezaron en 1997, más de 400 muchachos han salido de la calle con su ayuda. Como una historia de éxito, me presentan a Óscar David, un jóven que, de forma intermitente, vivió en la calle casi diez años. Ahora tiene veinticuatro y ha trabajado los últimos dos en la cocina del Hotel Meliá Reforma. Renta un cuarto en Ecatepec.

Creció en un pueblo de Nayarit, sin padre y con una madre violenta. Después de que le abriera la cabeza con la hebilla de un cinturón, decidió probar suerte fuera. Pasó un tiempo en pueblos cercanos y a los trece años llegó a México. Consumió cualquier droga que pudo conseguir.

«Los chavos me hacían caso», dice. «Fui un líder. Nos divertíamos. Jugábamos, íbamos a la playa, hasta Veracruz y los pueblos, para pedir. Hacíamos lo que queríamos».

Dejó la droga de forma definitiva hace tres años. Ya no conoce a los chavos con los que compartía la vida callejera. «Se movieron. Unos están en la cárcel por robar, o regresaron a la provincia con sus familias. O se mataban o se murieron: unos golpeados, otros atropellados.»

Parece fuerte y decidido. Jura que nunca caerá otra vez. ¿Pero, por cada Óscar David, cuántos no se salvan?

«No hay una receta para la reinserción social de todos los niños de la calle», dice Miguel Ortega, alumno de psicología que trabaja en Meteoro, una organización que intenta enseñar oficios a los niños para que puedan salir de la calle mediante el trabajo. «Hay que ver la particularidad de cada caso. Es un proceso muy lento. Tienen tanta falta de afecto y cariño que casi tienes que abrazarlos y estar con ellos día y noche. Una vez que salen de la calle, las recaídas —los que regresan a la calle y la droga después de unos meses— son muy comunes. Hay que encontrar a los que tienen el deseo de salir y trabajar con ellos individualmente.»

La gente que trabaja en las organizaciones de ayuda suele ser optimista. Núñez, de Casa Alianza, dice que alrededor del ochenta por ciento de los que entran en sus casas-hogares regresan a sus familias o empiezan una vida independiente, sin volver a la calle.

Visité dos residencias de Casa Alianza, una para muchachos y otra para niñas. Todos los jóvenes me dijeron que habían entrado después de vivir en la calle sólo unos días, o menos de un mes. Ninguno había entrado duro con la droga. Tienen suerte, comparados con otros —como los muertos vivientes de la plaza Zarco, o *El Payaso* (que nunca llegó a su cita con Coca)—. O la que más me inquietaba, Montse.

Sueños de Montse

Cada día consume una lata entera de Limpiador Dismex de 250 mililitros. Si no lo consigue, se desespera. Pasó alrededor de un año viviendo en un internado donde guardaba la droga. «Luego, les dije que quería dizque ayudar a mis hermanos. Volví a la calle y me ganó la droga», explica.

Con sus trece años, ya tiene un novio: señala con el dedo a uno de los sujetos dormidos en la plataforma. Como si supiera que hablábamos de él, repentinamente bosteza y se rasca. «Me pega», dice Montse, pero aclara: «No me pega feo. Es que se enoja porque no como». De vez en cuando duermen en un hotel cerca de Garibaldi. Por ochenta pesos los dos son reyes por una noche, con agua caliente y Cablevisión. Viendo la costra de mugre en su piel, queda claro que no le ha tocado esta suerte recientemente.

Si necesita un baño o una comida caliente, sabe adónde ir: «Casa Alianza, Visión Mundial, Pro Niños de la Calle», dice. Dentro de su imaginación, existe la idea de dejar la calle y dice que lo haría con la ayuda de las fundaciones. Quiere vivir en otro estado, cerca de alguna playa. Le gustaría ser enfermera. «Quiero cuidar a los enfermos en un hospital. No sé por qué.»

Ha visto la muerte de cerca. «Hay gente que se muere porque se droga y no come», dice. «Hay otros que se ahogan. Había un chavo que lo atropellaron y se murió allí», indica la avenida Cuauhtémoc. «Y Aarón, en paz descanse, se murió en un hospital por una sobredosis». Resulta que Aarón era su novio anterior. Cuando se lo dijeron, no se lo creía. Al darse cuenta: «No lloré, pero estuve muy triste.»

A la pregunta de si querría tener hijos, sonríe y su cara se transforma. Ya se nota la niña que vive dentro de la niña de la calle. «De chiquita, me compraba muchos muñecos y carriolas y me imaginaba con bebés. Todavía pienso que quiero tener un bebé. Pero no en la calle.»

LA TRIUNFADORA

Elecciones, 2006

La noche del 2 de julio de 2006, en un *penthouse* de Polanco, el banquero Tim Heyman y su esposa Malú Montes de Oca invitaron a dos o tres docenas de amigos para ver los resultados de las elecciones presidenciales. Entre los muebles antiguos y los tapetes persas estaban algunas almas conocidas por los lectores de las páginas de sociales: el arquitecto Enrique Norten; Magdalena Carral, del Consejo de Promoción Turística; el diplomático Andrés Rozental; Paloma Porraz, directora del Museo de San Ildefonso; el industrial Carlos Moreno; el pintor Pedro Diego de Alvarado, nieto de Diego Rivera, y su esposa, la poeta Carla Faesler.

Alrededor de las 11 de la noche —la hora en que debían haber anunciado el resultado— Luis Carlos Ugalde, el consejero presidente del Instituto Federal Electoral (IFE), dijo ante las cámaras de televisión que no podía declarar a nadie ganador de la contienda. Los resultados entre los candidatos de los partidos de la derecha y de la izquierda eran demasiado reñidos. Dadas las horas, las copas se habían subido y los invitados empezaron a manifestar su inquietud. Mostraban la misma intranquilidad y nerviosismo que los ciudadanos de todo el país.

A pesar de la elegancia de la ubicación, varios asistentes olvidaron los buenos modales y empezaron a gritarle a los aparatos de televisión. Cuando apareció el candidato conservador Felipe Calderón, del Partido de Acción Nacional (PAN), lo ovacionaron. Cuando salió su contrincante Andrés Manuel López Obrador, del Partido de la Revolución Democrática (PRD) —cuyo lema fue «Por el bien de todos, primero los pobres»—, lo abuchearon. Ante su imagen, varios asistentes gritaron: «¡Cállate, chachalaca!», la misma exclamación que el candidato dirigió al presidente Vicente Fox, del PAN, cuatro meses antes—una imprecación que muchos analistas políticos creen que le costó muchos votos, si no la elección.

Al parecer, todos los asistentes a la reunión eran simpatizantes del PAN. La realidad es que los que apoyaban al PRD, o algún otro partido, prefirieron guardar silencio ante la locuacidad de los panistas.

Fox también apareció en la tele pidiendo calma y respeto para las instituciones electorales. Una mujer de unos sesenta años que portaba un suéter beige de cuello de tortuga y un pantalón a cuadros miró al presidente con detenimiento. Durante el discurso del mandatario estaba casi tan rígida como su cabellera, rubia y recogida. Su aplomo contrastaba con la inquietud del presidente, cuya voz temblaba un poco. La mujer —que lucía un bronceado perfecto— sólo movió el brazo y la boca para fumar un cigarrillo angostito de la marca Capri. Mientras inhalaba humo, ella —que, seis años antes, durante la campaña del entonces soltero Fox, fue mencionada en columnas de chismes como candidata para ser su esposa— pensaba: «¿Habría sido diferente el gobierno sin Martha Sahagún? ¿Peor? ¿Mejor? ¿Quién sabe?»

Sahagún se casó con Fox un año después de las elecciones del 2 de julio de 2000. Durante la campaña trabajó como su vocera. Muchos analistas políticos especularon que durante el sexenio ella fue el poder detrás del trono; unos la compararon con María Antonieta y otros, con Lady Macbeth. Varios medios han publicado que sus hijos (de un matrimonio anterior) han realizado negocios ilícitos usando las influencias que emanan de la presidencia.

La fumadora se llama Viviana Corcuera. Casi desde el momento en que llegó a México de su natal Argentina, en 1968, ha sido una de las *socialités* más notorias del país. Su historia es la de una cenicienta con varios altibajos, y por lo menos tres príncipes: uno que no podía esconder ciertas cualidades de sapo, otro que murió antes de que pudieran llegar al final feliz y el actual, que parece ser el verdadero azul. Su historia puede verse como un retrato de la alta sociedad mexicana durante las últimas cuatro décadas.

Elecciones, 2000

A partir de 1997, tres años antes de las elecciones que llevaron a Fox al poder, Corcuera participó en su campaña. Su amigo Nicolás Sánchez Osorio, editor de la revista de sociales *Casas & Gente* (que murió en agosto de 2006), le había avisado que Fox, entonces gobernador del estado de Guanajuato, tenía planes de sacar al país del reinado del Partido Revolucionario Institucional (PRI), que llevaba casi setenta años gobernando México. Ella organizaba reuniones, pequeñas y grandes, entre el candidato y las mujeres de la alta sociedad.

«Le dedicaba tiempo a Vicente —recuerda Lino Korrodi, coordinador de finanzas de la campaña—. Tuvo mucho poder de convocatoria. Una vez en el restaurante La Hacienda de los Morales, reunió a mil o mil quinientas personas, ochenta o noventa por ciento señoras, la mayoría traídas por ella.»

Al mismo tiempo que el pueblo mexicano empezó a reconocer la posibilidad de una victoria para Fox, salían los chismes en las revistas que postulaban a Corcuera como posible esposa para el candidato. En 2000, el año de las elecciones, él estaba divorciado y ella viuda. «Después de la enfermedad y luego de la muerte de su marido, Viviana hablaba de Fox, Fox, Fox, todo el día. Sus ojos brillaban cuando hablaba de él, y él sonreía mucho cuando se la encontraba. Martha [Sahagún] no veía a Viviana con mucha amabilidad. Seguramente había un *flirt*», opina Marcela Aguilar y Maya, editora de *Estilo México*, otra revista de sociales.

«La noche de las elecciones —continúa— estuvimos en la casa de Nicolás Sánchez Osorio. Había champaña para unas doscientas personas». Cuando fue evidente que Fox había ganado, llegó un chofer de parte del partido del presidente electo para recoger a Corcuera. «En la fiesta, estábamos seguros de que se iban a casar.»

Cuando alguien le recuerda los rumores, Corcuera sonríe, exponiendo su dentadura perfecta y el brillo en sus ojos de esmeralda. No fue a la casa de campaña porque no quería molestar a Martha. «Vicente siempre fue correcto conmigo —dice, con una voz deliciosamente ronca—. Nunca hizo un *approach*. Cuando un hombre está interesado, ya sabes: hace un *approach*.»

Por decir lo menos, habría sido una pareja anómala. Corcuera es una mujer de mundo que habla tres idiomas, conoce Nueva York y París como la palma de su mano, y ha sido anfitriona del *sha* de Irán, Henry Kissinger, Plácido Domingo, Frank Sinatra y la realeza de diversos países europeos. Se puede poner un vestido de Dior como si fueran unos pantalones de mezclilla. Fox, en cambio, es un ranchero que usa botas de charol en eventos de Estado. Cuando Juan Carlos I de España le habló por teléfono para felicitarlo por su victoria, su famosa respuesta fue: «Gracias, rey».

En el momento en el que Fox ganó la presidencia, la relación entre él y Sahagún era un secreto. Entre los pocos que tenían pistas se encontraba Corcuera. «[Antes de la elección] Martha me invitó a tomar un café. Me platicó que estaba enamorada de él y que esperaba que un día se casaran».

Señorita argentina

En la memoria de Corcuera (cuyo apellido de soltera es Della Vedova) se quedó clavado el momento en que vio a su padre llorar. También tenía que ver con la política, aunque aquel día ella sólo tenía ocho o nueve años de edad y no entendió. Él tenía una granja en Santa Fe, «unas tres mil hectáreas de trigo y maíz», como ella recuerda. Todos los años los bancos les daban créditos a los rancheros con base en el producto que iban a cosechar. Pero a mediados de los años cincuenta, su padre se negó a firmar una petición a favor de Perón. Repentinamente, el banco cerró su crédito. No tuvo más remedio que vender el rancho a precio de chiste. Al volver del banco, lo vio sollozar.

«Muchos años después, mi marido le pediría que le contara de Perón. Mi padre dijo: "No quiero acordarme". Y mi esposo le preguntó: "¿Por qué no firmaste?". Mi padre sólo decía: "Nunca, jamás"».

Corcuera, sus padres y sus dos hermanas fueron salvados por su abuela materna, que tenía «una casa inmensa, era media manzana en el pueblo». Su progenitor se hizo profesor de gimnasia y su madre dio clases de canto religioso. Cuando tenía dieciocho años, unas amigas le propusieron a Viviana que participara en el concurso de Miss Santa Fe. Su victoria la catapultó al siguiente paso: en 1964 fue coronada como Miss Argentina.

Hoy conserva los rasgos de la reina de belleza que fue. Mide un metro setenta, pero suele usar tacones altos y siempre camina con la espalda recta. Parece casi una amazona. Se mantiene en forma, después de toda una vida de hacer deporte y fumar. Ha fumado durante casi cuarenta años. Empezó cuando le dijo a su marido que, después de su primer embarazo, quería controlar su peso. Él le sugirió que en las fiestas de coctel se pusiera un cigarrillo en la boca en lugar de los bocadillos.

Habla de su triunfo en Miss Argentina como si fuera algo que le puede ocurrir a cualquiera: «Sabía caminar, moverme y tenía facilidad de palabra». En Long Beach, California, representó a su país en el concurso Miss International. Ahí obtuvo el quinto lugar. Al regresar a su país le ofrecieron contratos para ser modelo para Orange Crush, Mallas Mouette y el protector solar Ambre Soleil. «Ganaba tres mil dólares mensuales —dice—. Compré dos pisos y un coche.»

En 1968, unos amigos la invitaron a acompañarlos de viaje a México. Aunque se había comprometido con el hijo de otros hacendados de Santa Fe, tenía consigo el número telefónico de Enrique Corcuera, un soltero de la capital. Al conocerlo, resultó que le llevaba tres décadas. «Pensé: "Es muy mayor"», recuerda. «No puedo salir con él.»

Oveja negra

En fotos de cualquier época de su vida, Enrique Corcuera —conocido por todos los amigos como Quique— parece actor de reparto del cine de los años treinta. Alto y esbelto, se vestía con elegancia, tenía un bigote delgado, el pelo engominado hacia atrás y entradas. Su mirada era mustia e irónica.

En los años treinta, un cronista de sociales empezó a firmar sus notas como «El duque de Otranto», y escribía sobre las trescientas familias que conformaban la «aristocracia» del país, llamados por él «las trescientas y unos más». Vivían en un mundo aparte, algo asfixiante e incestuoso, dedicados, a toda costa, a preservar las apariencias, la educación católica y la sangre pura española. Su mundillo no tenía nada que ver con «los de abajo», «los pelados», «los indios», los que, por supuesto, representaban a la gran mayoría de la población mexicana.

Quique Corcuera era hijo de una de las trescientas familias. En los registros sociales se rastrea a los Corcuera en España desde principios del siglo xviii. A finales del mismo siglo, se los encuentra ya en México, como dueños de haciendas en el Estado de Jalisco. Hacen su fortuna en el mismo lugar, principalmente con ingenios azucareros.

Después de la Revolución, varios Corcuera, incluyendo a los padres de Quique, estuvieron entre los mexicanos que acompañaron al dictador Porfirio Díaz en su exilio en Francia. A diferencia de muchos de la misma clase social, no perdieron la mayoría de sus propiedades. Volvieron a Guadalajara antes de que Quique naciera en 1915. Los que se acuerdan de él —y hay muchos, dado que murió en 1999 a los ochenta y cuatro años— lo describen como «un poco loco», un *playboy*, un *bon vivant*, y algunos lo llaman «la oveja negra» de la familia. Los que lo quieren defender dicen que administró los ingenios, pero la mayoría está de acuerdo en que no trabajó un solo día en su vida. Estudió en Inglaterra y Francia, y en su época —los años cuarenta y cincuenta— fue el «soltero de oro». Viajaba en su avión privado para salir con mujeres bellas y elegantes de distintos países.

«Fue un *charmeur*, y muy glamuroso», dice Fernando Partida, un cronista de sociales de la ciudad de Guadalajara que fue amigo de Quique antes de que se casara, y después, de los dos. «Le dio a Viviana todo el paquete. Era encantador, un besamanos, manejaba un convertible Packard. Era de la vieja escuela. Hablaba inglés británico y francés del séptimo *arrondissement* de París». Siempre estuvo rodeado por la realeza de Europa, y los más adinerados de Sudamérica. Al mismo tiempo, admite Partida: «Podía ser un *snob* insoportable. No aguantaba ninguna vulgaridad. Le causaban repulsión. Podía estar en una comida contigo y si decías algo que le caía mal, se volteaba y no te pelaba».

Esteban Matiz, diseñador de moda, cuya tienda en Acapulco fue un éxito enorme en los años setenta y ochenta, es actualmente amigo de Viviana. Durante más de treinta años han tenido casas en el mismo fraccionamiento en la ciudad costera. Pero dijo que mientras Quique vivió, si tenía suerte, fue invitado a la casa de los Corcuera una vez cada año. «Quique ni me hablaba, porque yo era comerciante», explica.

Kuxi von Wuthenau, que nació en México un año después de que su familia escapara de Alemania al principio de la Segunda Guerra Mundial, cree que Quique sólo se hizo su amigo porque ella viene de una familia aristocrática. «Me dijo que yo era una ignorante, porque él sabía más de mi linaje que yo», recuerda con una sonrisa.

Cuando Viviana le contó que se iba a casar con un hombre que tenía la misma edad que él, su padre le advirtió: «Hija, el matrimonio es como los colchones. Los resortes tienen que gastarse juntos». No le hizo caso. «Quique me ganó con su alegría de vivir. Me deslumbró. Con él, aprendí todos los días. Pero a pesar de tanta experiencia, era muy joven. Me ganaba en el golf y en tenis». Dice que estuvo enamorada de él. «De dónde viene el amor, no se sabe —reflexiona—. Y no se sabe cómo se manifiesta. Y cuando sale, no se sabe de dónde tampoco. Mucho tiene que ver con la química, si emocionalmente están en la misma *wave*.»

El 1 de julio de 2006, Corcuera invitó a dos amigas empresarias a su casa en el exclusivo barrio de Las Lomas para ver el partido entre Francia y Brasil, en los cuartos de final de la Copa Mundial. Estuvieron en el estudio, decorado como la biblioteca de un caballero inglés, con libreros por todas las paredes, muebles de piel y retratos de Quique y de Viviana. Sirvió un buffet que empezó con empanadas fritas, acompañadas con un vino espumoso de Chile, seguidas por rebanadas de cordero de Nueva Zelanda con salsa de menta. La carne estuvo acompañada con papas en salsa de limón y tomate, con vino tinto y del espumoso. Después hubo salmón al horno. Fue demasiado abundante para la gente invitada y después de comer, Viviana le notificó al mesero que él y los demás criados se podían comer lo que había sobrado.

Las mujeres prestaban atención esporádicamente al partido. Cuando Thierry Henry metió el único gol del juego, sólo alcanzaron a verlo en el *replay*. La conversación pasó a las edades, los cuerpos y los colores de piel de los jugadores de Francia, y cómo David Beckham había llorado ese mismo día cuando, debido a lesiones, salió del último partido de Inglaterra.

Pronto, la conversación se torció hacia las elecciones presidenciales, que iban a tener lugar al día siguiente. Aunque las tres mujeres se manifestaron panistas, una decía —en inglés, para que el mesero no entendiera: «*I can understand why in a country where half the people are dying of hunger, so many are going to vote for López Obrador*».

Resultó que el mesero había pasado seis años trabajando «del otro lado» y hablaba un inglés más o menos del mismo nivel que el de ellas. Todo un profesional, conocía su lugar y fue demasiado *polite* para avisarles. No guardaba ningún rencor hacia las mujeres. Parte de su trabajo consiste en no escuchar.

Después de la política, la conversación giró a un tema aún más controvertido: los galanes. Una empresaria rubia, recientemente divorciada, le preguntó a Corcuera si podría presentarle a algún amigo, ya que estaba buscando «al amor de su vida». Viviana pareció un poco sorprendida, pero no perdió ni una gota de su compostura. «No nos conocemos muy bien —le dijo—. Y no sé lo que buscas».

—¿Te importa si está casado? —preguntó Corcuera en tono de broma.

—Prefiero que sea soltero —respondió la rubia.

—Yo no busco casarme. Podría ser divertido salir con un hombre casado —dijo la empresaria de pelo castaño, integrándose a la plática.

A esta amiga, Corcuera le preguntó por un tal Juan.

—¿Quién es Juan? ¿Tu novio? —preguntó la rubia a la castaña.

—Es mi *in and out*. Me quita las telarañas —le respondió.

Durante la conversación, una de las mujeres, inadvertidamente, se sentó encima del control remoto y se perdió la señal del televisor. Ninguna de las tres sabía cómo hacer volver la señal del partido. Viviana tuvo que llamar a Enrique, su hijo menor, de treinta años, que vivía con ella, para arreglar el problema. Apareció en pantuflas y con una bata de baño de felpa. Hizo su magia con el aparato y volvió a su cuarto. Eran las tres de la tarde.

Cuento de hadas

Corcuera es la presidenta del consejo editorial de *Caras*, una de las revistas de sociales más exitosas de México. Escribe una columna mensual que describe, con cierta nostalgia, la *dolce vita* que vivía con Quique entre la Ciudad de México, Acapulco y un sinfín de castillos en Europa. En sus textos cuenta, por ejemplo, la noche en que Frank Sinatra preparó una pasta en la cocina de Corcuera y Emilio *el Tigre* Azcárraga, el potentado de Televisa, le dijo que era la peor que había probado en su vida. En otro artículo recuerda un verano en Marbella en el que la aristócrata Terry von Pantz se preocupó por si un kilo de caviar sería suficiente para el banquete que planeaba para un príncipe árabe. El coctel en Acapulco con la hija del dictador Francisco Franco y la comida en Cuernavaca con la reina Marie José de Saboya (cuyo marido, Umberto II de Italia, fue expulsado del trono y del país por apoyar a Mussolini) forman parte de las historias que Viviana ha revelado en su columna.

Hay cenas de gala y otras informales, con personajes ambiguos como Henry Kissinger, el traficante de armas Adnan Khashoggi y Aristóteles Onassis. Un *tour* por la cripta familiar del príncipe Johannes Von Thurn und Taxis, cuyos antepasados, como indica su nombre, inventaron el taxi. O el día en el que una vajilla entera del siglo XVIII se le cayó de las manos al mesero del conde Paul de Ganay, quien dijo, con una sonrisa: «No ha pasado nada». Y también la tarde en Mozambique, cuando en zapatos de tacón, Corcuera cazó un elefante.

Pero cualquiera que ya ha visto una telenovela, leído un *best-seller* o a quien le hayan narrado un cuento de hadas debe imaginarse que la vida de los Corcuera no fue nada más un paraíso. Un mes después de que naciera Luis, su primer hijo, en 1970, Quique le informó a Viviana que debía hacer las maletas: iban a pasar Navidad en Europa y las nanas se encargarían del bebé. Cuando ella empezó a gimotear, Quique se mostró impaciente: sus padres, le dijo, se fueron de viaje desde que él era un recién nacido. «Mi mamá no lloraba», agregó.

Tres años más tarde, nació Vivianita, la única hija de los Corcuera, y en 1975, Enrique, el más joven. Corcuera dice que conoció a sus hijos hasta que fueron adolescentes. Mientras preparaba esta nota, Corcuera me presentó a Vivianita y a Enrique. El cariño por su madre me pareció evidente. «Lo importante es que todo salió bien —dice Viviana hija—. La adoramos.»

Quique aprovechó el nacimiento de su tercer hijo para informar a su esposa de que, aunque la seguía amando, era un amor equivalente al que sentiría por una hija mayor. De aquel momento en adelante, decretó, dormirían en camas separadas. Le dio permiso de tener un amante, pero bajo la misma regla estricta que él iba a observar: no podía ser alguien del mismo círculo social. «Quique era un mujeriego —dice Tere Molina de Campero, amiga de Viviana e integrante de una de las trescientas familias—. Venía de otro México, otro mundo. Los hombres chiqueaban e ignoraban a sus esposas, y creían que tenían el derecho de tener otras mujeres.»

Corcuera se sentía desesperada: recuerda que a veces las amigas le decían que habían visto a su marido con alguna modelo. Uno nota cierta inflexión en su voz cuando pronuncia la palabra «modelo», dado que era conocida la predilección de Quique por las prostitutas. «Fue su vicio. Me dijo que iba a ellas como otros hombres jugaban al bridge o al golf. Hay hombres que son alcohólicos o apostadores. Prefiero al mujeriego. Con el alcohólico, no hay arreglo, y con el jugador, acabas en la calle. Sólo pierdes al mujeriego durante dos horas en la tarde». Y agrega: «No tengo nada en contra de las profesionales. Tienen mi respeto. Cada uno su *métier*».

Corcuera dice que no buscaba la revancha con otros hombres. Había un amigo de Quique que le gustaba, recuerda, pero no se dejó. Años después, el caballero se divorció, pero entonces ella, aún casada con Quique, no lo quería: «Los casados con los casados y los solteros con los solteros», opina.

Cerveza negra

A mediados de los ochenta llegó el segundo príncipe. El capitán Thomas Loel Evelyn Bulkeley Guinness, Oficial del Imperio Británico, conocido como «Loel», fue miembro del parlamento, hijo de un banquero multimillonario e integrante de la familia de la cervecera irlandesa. Nacido en 1906, en el ocaso de su vida, le gustaba pasar ratos largos en la casa de Acapulco que compartía con su tercera esposa, la mexicana Gloria Rubio y Alatorre. Ella, una *socialité* internacional y musa de Truman Capote, fue nombrada «la mujer más elegante del mundo» por la publicista de moda Eleanor Lambert. Fue el tercer matrimonio para Gloria también, y no sin trastornos. Comentó al dramaturgo sir Noël

Coward que no podía dormir con Guinness porque era demasiado flatulento. En fin, la de ellos sería otra crónica.

Gloria Guinness murió en 1980. Quique le encargó a Viviana que confortara al viudo en su momento de tristeza y soledad. «Juega golf con él», le sugirió y ella, como esposa consciente de sus deberes, cumplía al pie de la letra. Del juego floreció un amor que Corcuera insiste en que fue platónico. «Fue un amor de compañeros —dice—. Nos veíamos todos los días.» Guinness tenía setenta y cuatro años, aún más que Quique. Sin embargo, las columnas de chismes en periódicos neoyorquinos como el *Daily News* y *Womens Wear Daily* especularon con que la relación había ido más allá. Los vieron juntos en el restaurante Le Cirque, en Nueva York, y en fiestas de gala en Europa. En la casa de Loel, en Acapulco, recibieron invitados juntos.

Corcuera dice que se iban a casar, y en efecto, ella se divorció de Quique en 1985, aunque siguieron viviendo bajo el mismo techo. Antes de las nupcias, el 31 de diciembre de 1988, Loel murió de un infarto. Como consecuencia, Corcuera tuvo un colapso nervioso. «Pasé como seis meses en clínicas —recuerda—. En Argentina, en Suiza y en Francia. Rezaba todos los días. Rezar me salvó. En Argentina tuve a todas las enfermas de rodillas, rezando.» Se volvió a casar con Quique en 1989.

La legionaria

Corcuera fue educada por monjas en Santa Fe, Argentina, y siempre ha sido católica. En los momentos más difíciles de su vida siempre recurre a lo mismo: rezar. Corcuera es tía y madrina de Álvaro Corcuera, el superior de los Legionarios de Cristo, una orden religiosa que opera en veinte países y que en ciertos círculos es conocida como «Los millonarios de Cristo», porque suelen buscar fondos entre los católicos más adinerados.

El fundador de los Legionarios, el mexicano Marcial Maciel, fue acusado de haber acosado sexualmente a nueve niños y adolescentes cuando fueron seminaristas bajo su tutelaje en los años sesenta. El Vaticano abrió una investigación sobre Maciel en 1996, pero el comité investigador —presidido por el entonces cardenal Joseph Ratzinger— decidió no procesarlo. En enero de 2005, el mismo Ratzinger reinició la investigación. En aquel entonces, Maciel se retiró, supuestamente por motivos de edad. En ese momento, Álvaro Corcuera tomó su lugar como directivo de los Legionarios. En mayo de 2006 el Vaticano sancionó a Maciel «sugiriéndole» que dejara toda actividad pública y llevara una vida de «rezo y penitencia». Maciel aceptó la decisión, aunque «con tranquilidad de conciencia», dijo. Murió en enero de 2008.

Después del fallo del Vaticano, Viviana sorprendió a mucha gente cuando opinó en un programa de radio que Maciel «debería pedir perdón personalmente a quienes lastimó. Lo tendría que hacer con humildad». Su juicio fue comentado en varios medios. Ahora Viviana dice que su sobrino —con quien mantiene una relación muy estrecha— no se puso muy contento al escuchar sus comentarios. «Él es un sacerdote brillante y yo soy una mujer de hogar —explica—. Lo veo cada vez que viene a México, nos reunimos con la familia y lo escuchamos con admiración y afecto». Añade que el trabajo de los Legionarios ha sido «trascendente».

Jason Berry, autor de *El legionario* (Debate, 2006), un libro sobre Maciel y el abuso de poder dentro de la iglesia, califica los comentarios de Corcuera como «llamativos» y los pone en el siguiente contexto: «Muchos de la aristocracia católica en México no quieren creer que Maciel fue culpable de nada —dice—. Lo fascinante de la declaración de Viviana es que, a diferencia de los Legionarios, reconoce que Maciel ha mentido. Ella quiere responsibilizar a Maciel de un estándar moral que los Legionarios prefieren evitar».

Acapulco gold

En la sala de su casa de ocho recámaras en Acapulco, Corcuera anda en un traje de baño verde pistache, un pequeño *wrap* del mismo color, que tapa sus caderas, y unos aretes también verdes, que hacen juego con sus ojos. En el transcurso de un fin de semana llegaron de visita su novio, Martín Olavarrieta —con sus tres hijos—, el modista Esteban Matiz, Anne Sánchez Osorio (la viuda francesa del editor de *Casas & Gente*) y Sandra M.B. Rivero Borrell, la madre de Martín.

Como anfitriona, Corcuera es lo que era Fred Astaire para el baile. Nunca deja ver los esfuerzos. A pesar de las temperaturas tropicales, no se le nota ni una gota de sudor. Recibe a la gente con gracia y elegancia impecables, y los cocteles y las comidas llegan en el momento indicado casi como si tuvieran fuerza propia. Mientras cuenta anécdotas, se asegura de que las copas nunca se encuentren vacías. Muestra la misma simpatía con los señores que se encargan del mantenimiento de la casa que con sus propios huéspedes. De hecho, una de las mejores anécdotas nos la contó sólo a mí y a los señores del mantenimiento.

Hace un par de años llegó a la puerta «un señor de dos metros de altura, con pelo de puercoespín blanco». Estaba acompañado de su novia, una bailarina del Tabares (uno de los bares de *table dance* más notorios de Acapulco), y su hija, una niña que tenía un pollo morado como mascota. Había visto la casa de Corcuera en una revista y quería rentarla durante dos meses. Estaba dispuesto a pagar medio millón de pesos al mes (casi cincuenta mil dólares). La única advertencia fue que tenía un león. «No se preocupe, señora», dijo. «Somos limpios. Tenemos una persona que se dedica al león y lo va a cuidar en la cancha de tenis». Corcuera no pudo resistir: «Nunca había visto medio millón de pesos juntos», dice, quizá con un poco de hipérbole. Mientras se quedó en la casa, el señor tuvo un Lamborghini y un Ferrari, los dos blindados, en el garaje. Corcuera agrega que le dijo a Luis, su hijo mayor, un ejecutivo de una cadena de tiendas de autoservicio, que le caía muy bien el inquilino. Luis se escandalizó: evidentemente era narcotraficante.

Aunque uno no lo sabría desde la sala de su casa, que está en un fraccionamiento con acceso restringido en una zona exclusiva, Acapulco no es el mismo que en la época dorada, cuando Corcuera lo conoció por primera vez. En 2006, ajustes de cuentas entre bandas de narcotraficantes tuvieron como resultado el hallazgo de una media docena de cabezas, separadas de sus cuerpos, sobre la fina arena de la playa. Unos días antes del fin de semana que la visité, habían matado al jefe de seguridad del Ayuntamiento en la escalera del Palacio Nacional. Llegaron elementos del ejército para vigilar el puerto, y se escuchaban helicópteros que patrullaban los cielos.

Corcuera tiene el sueño de construir un santuario para la Virgen de Guadalupe en el puerto. Sería de cuarenta metros de altura y visible desde todas partes, como el Cristo que resguarda Río de Janeiro. Desde que llegó a México, Corcuera se convirtió en una guadalupana clásica. «No se despierta sin darle gracias a la Virgen», dice su amiga Sara Galindo, editora de moda de la edición mexicana de la revista *Elle*.

«La gente y las autoridades van a apoyar esta maravillosa obra —asegura Corcuera—. Cambiará la imagen de Acapulco. Se puede recuperar el puerto.» No queda claro en dónde se sitúa el plan, entre los reinos de la realidad y de la fantasía. Corcuera también hablaba de otro proyecto, de pintar todo el puerto de blanco, «como en las islas griegas».

Felicidad

La tarde del partido de la Copa Mundial, Corcuera dijo estar más contenta que nunca. Su novio Martín es un abogado que el 2 de julio fue elegido diputado de la Asamblea Legislativa del Distrito Federal. En conversación, Olavarrieta, que es militante del PRI, se muestra como un caballero serio, con una inteligencia aguda. También es atractivo y diecisiete años menor que ella, aunque cuando están juntos, se ven cómodos y a gusto.

Han sido pareja durante seis años y hace cinco sobrevivieron a una catástrofe que hubiera puesto a prueba cualquier relación. Mientras estaban de vacaciones en Nueva York, en la entrada del Hotel Peninsula, ocurrió un accidente de taxis que le costó a Martín la pierna izquierda. Durante varios días, estuvo entre la vida y la muerte. Corcuera dormía a su lado, en el suelo del cuarto del hospital Bellevue. Él tardó cuatro meses en recuperarse.

Corcuera cree que la fuerza de voluntad es lo que le salvó la vida. Mientras sangraba en la calle, Olavarrieta tuvo la lucidez para quitarse el cinturón y atarlo alrededor del muslo donde había perdido la pierna. «Tiene un gran dominio de su persona —dice Corcuera—. Tener un faro fijo que aguante las tempestades sin inmutarse es lo que le caracteriza, tanto como caracterizaba a Loel y a Quique». Olavarrieta dice que la relación florece debido al «respeto y el afecto mutuo», y añade «Ella tiene una calidad humana extraordinaria, que admiro mucho. Soy cien por ciento político, y ella tiene mucho que ver con la vida social. No interferimos el uno con el otro, lo que hace una armonía maravillosa».

Viviana piensa que ha llegado a una madurez emocional, debido a que ha dejado de preocuparse por el «qué dirán». Explica: «Cuando te preocupas por el "qué dirán", quizás cometes muchos errores: o hablas mal de la gente, o te casas con un tarado, o dices mentiras piadosas o tienes problemas por la *big mouth*. A veces, madurar es saber cuándo callarse. Cuando eres libre para vivir sin etiquetas, de joven o de viejo, ahí está la juventud, en la libertad para curiosear y siempre ver el mundo con buenos y nuevos ojos. Las personas que dejan de crecer emocionalmente y espiritualmente se estancan y eso te puede suceder a los veinte años o a los sesenta».

La tarde del partido de futbol dijo a sus amigas que no se preocupa por el dinero como antes. Ahora reconoce que lo importante es tener lo suficiente para vivir.

—¿Vivir cómo? —preguntó una de ellas.

—Como nosotras —contestó Corcuera, tranquila.

La respuesta implica una casa en Acapulco, otra en una de las zonas más exclusivas de la ciudad de México, un chofer, un cocinero, varios criados y unos millones en el banco. Varias veces le he escuchado decir que no es rica «materialmente», algo sorprendente en un país en que la mitad de la población vive en la pobreza. Admite: «Si no vienen los comunistas para quitarnos todo, estoy bien. La riqueza material no te da paz en el alma. Te sirve para hacer feliz a los que te rodean y hacer las cosas que te gustan. Pero no soy rica materialmente. Tengo la situación económica resuelta».

Triunfo

Corcuera fue muy amable conmigo la primera vez que hablé por teléfono con ella para solicitar una entrevista; de hecho, me invitó a comer para que conversáramos con calma. Cuando llegué a la cita tuve la impresión de que estaríamos solos, con la tarea de platicar sobre la nota que quería escribir. Ella tenía otro plan: había invitado a varios amigos, incluyendo al artista Pedro Freideberg, la diseñadora de zapatos Macarena Gutiérrez, su «cuata» durante casi cuarenta años Magda Pedrero y su hija Vivianita, con sus tres hijos y su marido Agustín Legorreta.

Todos chismeaban de un conocido anciano que tiene una casa enorme. O trae peluquín o tiene un corte de pelo que parece peluquín, decían. Discutían el grado de fealdad y la arrogancia de tal señor. Sin embargo, en tono bromista, Viviana intentaba convencer a Gutiérrez, que tiene varias décadas menos que el anciano, que debía sacrificarse y casarse con él, para que todos los amigos pudieran compartir el lujo de la casa. «Nada que ver con sexo», avisó Gutiérrez.

Pedrero, una mujer elegante de setenta y cinco años, que estaba en una rutina de quimioterapia para curarse de cáncer, bebía champaña y fumaba cigarros mientras platicaba de una tarde de *shopping*. Después de las compras fue a beber algo y, al salir, se le olvidó todo lo que compró en el restaurante. También había chismes sobre las elecciones que iban a celebrarse en unos días, particularmente de las comparaciones entre López Obrador y Hugo Chávez, que el partido de derecha había difundido. Los invitados, principalmente panistas, hablaron de la rectitud de Felipe Calderón. Algunos lamentaban la forma de vestir del presidente Fox y su esposa.

Después de la comida, puso un CD de Los Cinco Latinos en el tocadiscos. «¿Se acuerdan de eso?», preguntaba Corcuera, mientras empezaba la canción *Sólo tú*. En su traje sastre color rosa y con sus tacones altos, Viviana empezó a bailar sinuosamente. Era evidente que, ganara quien ganara las elecciones, ella seguiría siendo una triunfadora.

DETECTANDO UN DETECTIVE

La señora tiene un problema

La mujer era guapísima, cuarentona y bien cuidada, casada, con dos hijos y su propio negocio de diseño gráfico. Pero no llegó al despacho de Eduardo Muriel Melero para celebrar su éxito con su acostumbrado orgullo; al contrario, la señora llegaba porque había caído en un abismo de angustia.

Muriel es el dueño y director de una agencia de detectives. Tiene más de cuarenta años de experiencia. Los que se citan con él tienen problemas. Y casi todos, el mismo.

—Mi marido, —dijo la señora—, olía a otro perfume.

—Cuénteme —contestó Muriel.

La mujer, según Muriel, «era muy bragada, de muchos calzones». Su marido, un ingeniero, estaba muy por debajo de ella. «Se lo comió feo. Tenía trabajo, pero no tanto. Aunque él era buena onda, se cansó. Él llegó primero a la casa y cuidó a los niños. No encontró la unidad familiar. Había fricciones».

*

Desde 1962, cuando empezó como investigador privado, Muriel ha resuelto casos de desapariciones, asesinatos, secuestros, falsificación de productos y otros robos industriales. Ha encontrado mercurio robado en un barco brasileño en el puerto de Tampico y café robado en un barco noruego en Veracruz. En el transcurso de sus tareas, lo han asaltado, amenazado con armas y hasta baleado; sin embargo, el pan de todos los días es menos complicado y ciertamente menos glamoroso: lo que él llama «casos conyugales» o «casos matrimoniales». Personas como la «mujer bragada» visitan al detective porque creen que sus parejas les están poniendo los cuernos —cuarenta por ciento son hombres y sesenta por ciento, mujeres—.

«Entre parejas hay una transmisión de datos», dice Muriel. «Son datos no hablados. La mujer tiene un sexto sentido, la intuición. Ellas suelen tener un sentido olfativo extraordinario, siempre huelen perfumes extraños. Pueden detectar la huella de maquillaje en una mejilla. Ven si su marido trae ropa interior nueva, si su corbata está movidita de lugar». Con una sonrisa, agrega: «O se preocupan si encuentran su celular apagado».

Cuando estas personas entran a su oficina, Muriel escucha sus historias «hasta una hora y media, dos horas». A veces, como en el caso de la diseñadora gráfica, el detective puede recitar la historia antes de que se la digan, porque ve a muchas mujeres engañadas de «cierta capacidad».

Se refiere a capacidad económica: «Cuando la mujer es más exitosa que su marido, el hombre se rebela ante ella. Lo he visto en una infinidad de casos. Son mujeres que quieren a sus maridos y no entienden por qué, qué va mal. Lo que pasa es que cuando el marido tiene ingresos inferiores, suele no percibirlo tan sólo como una cuestión de dinero. Se menosprecia frente al estatus de su mujer. Entonces estos hombres traban relaciones con personas muy inferiores a sus esposas, físicamente, psicológicamente, así como en cuanto a su educación, su profesión. Con ellas están felices, se sienten estimados, queridos. Sienten que mandan».

Todos tenemos un principio

Eduardo Muriel tiene setenta y cuatro años, pero posee la energía y agilidad mental de un hombre mucho más joven. Su físico está entre lo robusto y lo corpulento. Calvo y pelirrojo, tiene barba de chivo y una forma de vestir que se inclina hacia lo *dandy*, con colores otoñales y corbatas que suelen combinar con el color de su barba. Su ascendencia es austriaca y se le nota: tiene rasgos más parecidos a un militar del Imperio Habsburgo que a Humphrey Bogart en el papel de Sam Spade en *El halcón maltés*.

Empezó su carrera como policía de tránsito en el estado de Puebla. «Todos tenemos un principio», explica, «la vida nos va guiando. Mis estudios fueron en escuelas militares. Me gustaba la estructura policiaca, pero no». Añade: «Fui el mejor en el sentido de sacar una multitud de mordidas». Pero Muriel no podía verse en el espejo llevando esa forma de ganarse la vida: «Me salí y empecé los estudios prácticos.»

Incluyeron el comportamiento y la organización policiacos, la investigación telefónica, el uso del detector de mentiras, la grafoscopía, la dactiloscopía. Tomó cursos en Londres, Madrid, Texas y California, con el FBI, la DEA, y la aduana estadounidense. Trabajó un tiempo con la Asociación Nacional de Distribuidores de Automóviles, investigando fraudes relacionados con vehículos perdidos. Después trabajó para El Palacio de Hierro y Liverpool localizando a gente que se esfumaba mientras debía las mensualidades de los productos comprados. De allí, le surgió la idea de abrir su agencia de investigaciones. Insiste en que fue el primero, aunque el dato es discutible. «En 1967, cuando puse mi primer anuncio en el directorio telefónico, no existía una sección de detectives», comenta.

Eduardo Muriel ha trabajado en el mismo sitio durante cuarenta y un años, en una casa privada que da al parque España. La antesala de su despacho huele a humedad y parece más el estudio de un profesor que el de un detective. Hay un fonógrafo, una pequeña estatua de la Diana Cazadora y un ábaco chino. El único elemento que parece haber salido de un libro policiaco es Karla Hernández, su secretaria. Además de inteligente, eficiente y capaz, tiene una estructura corporal que podría parar el tráfico en la calle (igual que Velma, la secretaria del detective ficticio Mike Hammer en los *thrillers* de Mickey Spillane).

Presidente y fundador del Colegio Nacional de Criminólogos, hoy en día Muriel rara vez sale de su oficina para realizar las investigaciones. Tiene un equipo de detectives que trabaja bajo su mando. «Prefiero contratar a mujeres que a hombres», dice. «Son más activas, más cumplidas y más sensibles.» Tiene dos hijos que manejan sucursales de la agencia, uno en Satélite y el otro en el World Trade Center.

En una larga conversación, Muriel expone su inquietud intelectual: tiene la patente para teinta y siete inventos, desde el medidor que controla que los camiones no rebasen los noventa y cinco kilómetros por hora, hasta el pulque destilado. También es autor de dos libros, incluyendo *Crónica y análisis de un magnicido*, un estudio sobre el asesino de Luis Donaldo Colosio, publicado en 1994. A ciertos sujetos —que no eran críticos literarios— no les hizo ninguna gracia el ensayo del investigador. Le cortaron su línea telefónica, hicieron pedazos su oficina y lo asaltaron en su propio despacho.

Sacando los trapitos al sol

«El peor elemento de mi trabajo es la inquietud de la gente», dice Muriel. «Si eliminas la inquietud, has logrado algo importante.»

En un caso como el de la diseñadora gráfica y su marido, «eliminar la inquietud» significaba comprobar si el hombre era infiel o no. «Hay que fijar los parámetros, los tiempos y los movimientos. Dentro de su rutina había algunos huecos. Él salía a trabajar a las nueve, iba a comer de las dos hasta las cuatro y no regresaba a la oficina hasta las seis. Pero a veces no volvía a la casa hasta las ocho o las nueve. Allí están dos o tres horas, nuestra base para empezar la investigación».

También para estimar los costos. Muriel suele cobrar entre trescientos y quinientos pesos la hora, depende del número de investigadores que se necesiten. A veces hay complicaciones que implican viajes, la renta de coches y gastos imprevistos. Mencionó el caso muy alargado de una localización que le tomó mucho tiempo en el que la cuenta ascendió a tresicentos mil pesos.

La mayoría de los hombres adúlteros suelen encontrar a sus «movidas» en lugares previsibles. «¿Dónde es más fácil?», pregunta Muriel. «¿Adónde asistimos? En el trabajo, a un club donde vayamos, con un vecino o un familiar». Aparece una sonrisa casi diabólica en sus labios: «Las parejas de los amigos», dice.

El ingeniero encontró a la amante entre sus amistades. «Ella había asistido a fiestas, hasta fiestas familiares», cuenta el investigador. Él procuró llevar a su cliente a la escena de los hechos, porque los adúlteros siempre lo niegan. Hasta con evidencia fotográfica; dicen que son fotos modificadas. Enfrente del departamento donde se citaron, la señora vio a su marido salir con su amante. Se besaron en la boca en el momento de la despedida. «Le había dicho que no debería denigrarse enfrente de su marido. Se presentó frente a él. Se vieron. Ella asintió y se fue».

Casos de los archivos

Uno de los casos matrimoniales más curiosos en la carrera de Muriel no se ubicó ni en un hotel de paso ni en un *piêd-a-terre* secreto, sino en el Reclusorio Oriente. Un gánster que iba a estar hospedado allí durante muchos años recibía visitas conyugales, algo que inquietó a su esposa, dado que eran de otra dama. Cuando Muriel terminó la investigación, el prisionero estaba sumamente molesto por haber sido expuesto. El abogado del gánster le avisó que lo iba a mandar matar. «Yo tuve suerte», dice Muriel. «Este abogado era el papá de un amigo de mi hijo y se pudo calmar».

Por supuesto no sólo los hombres engañan. «Veo muchos casos de mujeres que se van con los chicos de Chippendale's», dice. Los instructores de los gimnasios tienen fama de enseñar a las mujeres maneras poco ortodoxas para bajar de peso. «Todos», dice Muriel, casi gritando, hablando de la propensión extracurricular de los maestros atléticos. «¡Invariablemente!».

No todos los casos familiares se tratan de una persona que quiere confirmar si su pareja comete adulterio. «A veces los hijos quieren saber si su padre le está poniendo los cuernos a su mamá», comenta. Surgen otros problemas familiares: padres que desaparecen con los bienes de la tribu, gente que se harta de sus vidas y se esfuma. Y hay casos de parejas que no se conforman con lo que tienen y uno desaparece con los niños.

Un español, casado con una mexicana, que vivía en España con sus tres hijos, llegó a Muriel atormentado porque su mujer había huido con los pequeños durante las vacaciones navideñas. La madre de la mexicana dijo que no tenía idea dónde estaban. Muriel se tardó meses observando los movimientos de la madre y por fin su hija apareció a la puerta de su casa, «como un ratoncito saliendo de su ratonera». La siguió y encontró la casa donde estaba viviendo con los hijos. Entonces, una tarde, mientras su nana llevaba a los tres niños a su clase privada de inglés, Muriel y el español los agarraron a la brava, depositándolos en una camioneta y llevándolos a la frontera. «Raptar» no es ilegal cuando se trata de un padre y sus hijos, según el detective. «Seis años después regresaron a mi oficina. Me dieron las gracias», comenta.

Otro caso se trató de una niña raptada en Xochimilco. El único testigo fue su hermano mayor, de ocho años, que decía que no recordaba nada. Con la ayuda del padre de los niños, Muriel hipnotizó al pequeño, que en su trance se acordó de detalles de un vehículo, incluyendo las placas. Fue una camioneta que pertenecía a un red de robachicos. La policía los localizó en Reynosa, Tamaulipas.

También encontró a un señor que se había escondido en un rancho en Tehuacán. Muriel llegó con un colega y encontraron al hombre en su coche. «No, no soy yo, soy su hermano», decía el tipo, pero Muriel sabía que estaba mintiendo. El problema era salir del rancho. En el camino, una decena de campesinos apareció con machetes. El hombre que Muriel localizó llegaba en su tractor, apuntando un rifle.

«Mi colega y yo también estábamos armados. Nuestra carta era "o los paras o te mueres". Podrás matar a uno de nosotros, pero no a los dos». El hombre dejó su arma y paró a sus campesinos. «Nos regalaron un costal de papas», agrega Muriel.

El detective también ha resuelto casos de asesinatos, pero prefiere no entrar en detalles para resguardar su seguridad. «En la época de Salinas había muchos», dice. «Ahora estoy investigando tres.»

Su otra especialidad es la resolución de casos de falsificación de productos. ¿Cuáles? «Muchos», dice. «Ropa de marca, zapatos tenis, camisas. Y muchas medicinas. Ahora están falsificando mucho Viagra. Pfizer me contrató.»

Ese caso trataba de una empresa que fabricaba su propio Viagra y lo vendía a las farmacias como una alternativa más barata. Pero también hay muchos casos en que los productos falsos vienen de la propia empresa.

«Trabajé para una industria norteamericana que hacía productos de limpieza. Antes de salir a la venta, todos sus productos debían pasar por un control de calidad y, en teoría, la mercancía que no pasaba, se tiraba o se quemaba. Pero algunos empleados la reenvasaban y luego la vendían», explica Muriel.

No hay normas establecidas para ser detective en México. Para los que buscan uno, Muriel recomienda que sea una persona titulada del Colegio Nacional de Criminólogos. «En los periódicos y en el directorio muchas agencias se anuncian sin dirección o hasta sin nombre. Si quieren asistir a tu domicilio no lo permitas; puede ser que te defrauden. Sobre todo no trates con ex policías.»

—¿Cómo los reconocemos? —pregunto.

—Los reconoces por su comportamiento. Es gente que vive de la gente, siempre es agradable, graciosa, sabe cotorrear. Pero son agradables con el fin de sacarte dinero —explica.

Le dan las gracias

Confirmar que la pareja de uno sí lo está engañando puede quitar la incertidumbre, pero dar las pruebas es el momento duro para Muriel. «Hay que evaluar la recepción, los nervios, la agresividad. Yo soy frío, una persona ajena a la pareja, y hay gente que no permite que te involucres en su problema.»

Como un doctor, un sacerdote o un psiquiatra, un detective tiene que entrar en detalles, intimar con su cliente, por lo menos en ciertos casos de adulterio. «Yo tengo que preguntar cómo son las relaciones, cómo lo hacen, en qué forma. Si una mujer expresa dudas de la virilidad de su marido, a veces resulta que él no anda con otra chava, sino con otro hombre».

También ocurre lo que los psicólogos llaman «transferencia», donde el paciente se enamora del «doctor», en este caso, el detective. Eso le ha pasado a Muriel después de dar pruebas sobre cierta infidelidad. «Hay mujeres que han querido conmigo, por venganza.» Él no se aprovecha. Les cambia la jugada: «Pongo una muralla».

Si ve una posibilidad de ayudar, Muriel pide permiso para darle un consejo a la persona engañada. En el caso de la diseñadora «con muchos calzones», él sugirió que quizás el engaño de su marido fuera en parte culpa de ella, dado que había dejado de lado algunas de sus responsabilidades familiares. «Las mujeres se esfuerzan más para lograr mayores cargos e ingresos. A veces se olvidan un poco de la casa», dice.

Según Muriel, la diseñadora aceptó su culpabilidad. «Me dijo que tenía razón. Sentía que estaba perdiendo a su marido y tenía que prestarle más atención.» Muriel y su propia mujer se divorciaron después de varias décadas de matrimonio. Él se volvió a casar con una mujer cuarenta y tres años más joven que él. Tienen dos hijos chicos.

«Ella me conquistó a mí», insiste. «¿Cómo iba a conquistar a una chava de esa edad?».

Ha sido una vida agradable. No piensa en retirarse. «El día que me jubile», dice, «será derechito al hoyo».

Ciertos detalles del caso del engaño matrimonial fueron cambiados para proteger las identidades de las personas involucradas.

EDENES DEFEÑOS

SIEMPRE MARILYN

Allí está en las fotos más famosas. Afuera del metro neoyorquino, con una sonrisa extasiada mientras el viento subterráneo levanta su vestido blanco. Sentada en la banqueta con la falda corta y medias de red. Parada, en traje de baño, abrazada a una columna. También hay imágenes menos conocidas: riéndose en la ducha, envuelta en una toalla; sentada sobre un bloque enorme de hielo; aplicándose crema Nivea en las piernas (antes de que la cirugía plástica hiciera su nariz y su mentón más perfectos).

Y hay una con ella de sólo ocho meses. «Es la foto que me costó más», dice Luis Blando. «Pagué mil trescientos cincuenta dólares por ella».

No cabe duda: la antojería Norma Jean, en la avenida Colonia del Valle con el Eje 5, es un verdadero altar a Marilyn Monroe. Allí cuelgan más de ciento cincuenta fotos de ella, todas coleccionadas por Blando. A lo largo de los últimos años, ha ido comprando las fotos en el mercado de La Lagunilla, en subastas del internet, en tiendas de Los Ángeles y San Francisco. Corrió la voz y la gente le llegó con más fotos, con revistas, con parafernalia exótica. Un señor vendió a Blando una copia de la película pornográfica en la que supuestamente salía la Monroe cuando era una modelo muerta de hambre.

«Creo que es la única copia que hay en México», dice Blando. «La vi una vez y me deprimí. Podría venderla por mucho dinero, pero nunca voy a aprovecharme de ella en su momento de debilidad.»

Habla de Marilyn como si fuera una hermana mayor adorada. «Desde muy chavo, estuve fascinado por su belleza. Es la güera de los sueños de todos ... bueno, de mis sueños. Compré este lugar hace seis años. Era una paletería. Puse doce fotos de Marilyn y la gente empezó a venir y preguntar, *¿cuándo vas a poner más?*».

Recientemente anunciaron que van a filmar una película sobre la estancia de Marilyn en México en 1962. Según lo que contaron las malas lenguas a Blando, la estrella llegó aquí para visitar a Adolfo López Mateos, «el presidente galán», y tuvieron un *affaire*. Se sabe que fueron juntos a Xochimilco. ¿Cree Blando el chisme?

«Seguro», dice. «Después de los Kennedy, ella no iba a bajar su categoría de presidente.»

Según un reportaje, la directora de la película está decidiendo entre Sharon Stone, Elizabeth Shue y Kim Basinger para el papel de Marilyn. Si Blando pudiera escoger, saldría La Stone. «Es la más glamorosa, la más innovadora, la que más —qué te digo— representa a la güera americana que todos queremos. Bueno, que yo quiero.» Él compara la escena notoria en *Bajos instintos*, en que Stone revela su escasez de calzones, con una foto de Marilyn sin pantaletas que cuelga en un rincón discreto de su tortería. Un caballero impecable, no le importa a Blando que hoy en día la Stone tenga quince años más que Marilyn en el momento de su muerte. «En las últimas fotos de Marilyn se le ven las arruguitas», explica.

Aparte de Marilyn, las únicas otras mujeres cuyas imágenes tienen lugar en la antojería son la Virgen de Guadalupe y Susan Anton, una actricilla de los años ochenta. Las novias de Blando siempre han sido rubias. A la pregunta de si alguna vez ha salido con una de cabello castaño, hace un gesto de asco, como si le hubiera preguntado si querría casarse con una mujer barbuda.

Pero ninguna de sus novias igualaba a Marilyn, ni la *vedette* de televisión que regaló a Blando una foto en la que aparece desnuda y en la que, como Eva, tiene hojas tapando ciertas partes íntimas de su cuerpo. Luce como una maravilla de la cirugía cosmética. «Ninguna mujer tiene todo lo que tenía Marilyn», dice Blando con un suspiro. «Lo *sexy* con lo inocente, con la voz, con lo de la niña. Nadie tenía todo ese conjunto».

Hace unas semanas, Blando vendió la tortería a Jesús Fuentes Ramírez, con la colección de Marilyn intacta, menos las piezas más valiosas. Además, Blando se quedó con otras cosas que guardaba para él solo. Su adquisición más reciente, comprada en California, fue un sostén blanco sin tirantes, firmado por ella, que venía con certificado de autenticidad. Lo tasó en seis mil dólares.

SOBRIEDAD

Steve revisa la carta de bebidas con un una expresión que oscila entre el escepticismo y el asco. Hay cerveza, vino tinto y vino blanco, y una lista de cocteles con nombres más provocativos que apetitosos: el Orgasmo Múltiple, la Vaca Loca, el Marcianito Limón. Steve, que no ha tomado en once años, no tiene que preocuparse: ninguno contiene alcohol. Su amigo Félix le ha invitado a Barsín, la primera cantina en la ciudad donde no se puede conseguir ni una gota de una libación embriagante.

En lugar de whisky o ron, las copas están preparadas con «wissín» o «ronsín», jarabes dulces con olores y sabores parecidos a sus inspiraciones alcohólicas. También hay otros jarabes con sabores de plátano, menta, durazno o limón —licores sin licor—. Para completar la oferta, se puede pedir una Margarita con tequila *ersatz*.

Sin embargo, Steve pide una limonada. La idea de tomar algo que huele o sabe a alcohol no le causa gracia. En las juntas de Alcohólicos Anónimos —a las que suele asistir tres o cuatro veces a la semana— no se recomienda tomar tales bebidas. «Se llama "rascándole las bolas al tigre"», explica. «Hay muchas historias de gente que ha recaído. Sólo hay un pasito entre tomar una cerveza sin alcohol y una cerveza con alcohol.»

La última vez que Steve, un inglés, tomó, fue en la casa de un funcionario de la Embajada Británica en Las Lomas. Después de un montón de copas, se puso tan agresivo que el diplomático lo tiró a la calle. Steve recuerda la sensación de cansancio extremo. Acto seguido, amaneció en una banqueta cerca del Puente de Tecamachalco.

«Cada alcohólico que deja de tomar llega al momento de su límite», dice. «Despertar en la calle fue el mío. Otros pueden vender sus cuerpos por una copa. Nunca hice eso, pero mentí, engañé y robé por beber. Solía robar las botellas de los supermercados». De hecho, hace once años Steve llegó a México, donde sus padres se habían mudado, porque sus amigos en Londres ya no lo aguantaban.

Hoy en día, Steve, de treinta y nueve años, tiene una vida estable. Trabaja con una ONG que pretende establecer una política sobre el sida. Sin embargo, si no asiste a las juntas de AA, se pone inquieto, angustiado y poco agradable con sus colegas. (Steve no es su nombre real. Pidió usar un seudónimo, según la política de AA.)

Barsín está ubicado en una casa antigua y agradable sobre la calle Francisco Murguía en la colonia Escandón. No hay botana, pero la comida de la carta está bien servida y los precios son accesibles. Félix, el amigo de Steve —que sufre mientras consume un «vino» que sabe a jarabe para la tos— le pregunta si después de once años sin tomar tiene que ir a tantas juntas de AA. Steve contesta: «Si tuvieras cáncer y lo pudieras curar con una pastilla diaria, y después de veinte años ya no tuvieras cáncer, ¿dejarías la pastilla? ¿Correrías el riesgo?».

Al ver que el reloj marca las cinco y media, Steve tiene que salir corriendo a una junta. Mientras Félix termina su copa —el Marcianito Limón, que tiene un sabor parecido a un Frutsi— busca a alguien de la gerencia, para averiguar el porqué de una cantina sin alcohol. Encuentra al dueño, Othón Gomezcésar Hernández, que explica que abrió el lugar por varios motivos.

«Principalmente lo hice pensando en mis hijos», dice el propietario. «En el D.F., a partir de los trece o catorce años, los niños salen y todo es tomar. Quiero que sepan que hay alternativas».

Cuando escucha que a Steve no le agradaba la tentación de tomar copas que supieran a alcohol, Hernández admite que el lugar todavía no ha encontrado su público ideal. Era evidente: en un viernes de quincena a las cuatro de la tarde, sólo cinco mesas estaban ocupadas. «Viene más gente en la noche», dice el dueño.

Después de pagar la cuenta, Félix piensa que, por mucho que le gusten las copas, nunca ha mentido, robado o engañado por una bebida. De vez en cuando ha tenido la suerte de regalar su cuerpo, pero nunca de venderlo, ni por un Boing. Va en búsqueda de un trago.

INDUSTRIALES DE LA INSEGURIDAD

Ricardo Caballero merece su apellido: es cortés, amable y profesional. Cuando un cliente en potencia entra a su *boutique* y se prueba una de las prendas —una guayabera elegante, blanca y de manga larga—, Caballero le ayuda a ponérsela. Como si no fuera suficiente, después se ofrece a dispararle con un arma, para verificar su eficacia.

¿Adónde más que en la Ciudad de México se abriría la primera *boutique* de ropa antibalas? El establecimiento, ubicado en Polanco, lleva el nombre de Miguel Caballero (el hermano de Ricardo); dos meses antes de la apertura, cada día entraban varias personas a revisar la mercancía.

Hay cuatro líneas de ropa disponibles, para ambos sexos, que incluyen chamarras de piel y de mezclilla, gabardinas, sacos, playeras y hasta uniformes paramilitares. Los precios oscilan entre trescientos cincuenta dólares por un chaleco y tres mil quinientos por un traje formal.

Los Caballero son colombianos, y su negocio empezó en 1992 en Bogotá, durante el auge de la guerrilla y el narcotráfico. Se han expandido a doce países más, incluyendo Venezuela, Argentina, Turquía, España e Irak (donde venden las prendas al personal de la embajada norteamericana). Entre sus clientes se encuentran los presidentes Hugo Chávez y Álvaro Uribe, los príncipes de Asturias, Baltasar Garzón y el Doctor Simi.

«Principalmente, el negocio es para distintas fuerzas militares, cuerpos policiacos y empresas de seguridad privada», apunta Caballero. El negocio de ciudadanos particulares no llega al cinco por ciento de sus ventas.

Los señores que han entrado a ver la tienda son gente «común y corriente», según el comerciante: ejecutivos de medio rango que piensan comprar las prendas para salir a los antros durante los fines de semana.

Cabe preguntarse si una guayabera antibalas es estrictamente necesaria para la parranda del viernes en la noche. El año pasado, el Instituto Ciudadano de Estudios Sobre la Inseguridad (ICESI) publicó una encuesta entre ciudadanos del área metropolitana y les preguntó si habían sido víctimas de algún crimen durante el año 2004. De los entrevistados, ochenta y siete por ciento dijo que no.

Al presentársele esta evidencia, Caballero dice que ha leído que la incidencia de secuestros exprés ha aumentado aquí. (En 2004, hubo ciento cuarenta y cinco secuestros, incluyendo los exprés, en el área metropolitana.) A la pregunta de si está vendiendo la percepción o la realidad de la seguridad, Caballero piensa antes de contestar.

Por fin, admite que la percepción es altísima en la Ciudad de México, pero comparada con Israel es «un paraíso». Comparada con Suecia o con Dinamarca, es peligrosa.

No cabe duda de que la industria de la inseguridad está prosperando en el D.F. Cada mes se compran entre trescientos y cuatrocientos coches blindados, con ventas anuales de cerca de ciento cincuenta millones de dólares. Por cinco millones de pesos, una empresa llamada VIP Protection te puede construir una «habitación de pánico», hecha con materiales antibalas, y con comunicación celular, agua, comida y control de clima. (Otras firmas ofrecen *panic rooms* por treinta mil pesos, pero con este precio probablemente se parecen a las casas de los primeros dos de los tres cochinitos.)

En los últimos años se han producido grandes cambios en Colombia. Medellín, que era el sitio más peligroso, ahora es otro «paraíso», según Caballero, y el índice de homicidios en casi todas las ciudades ha disminuido alrededor del cincuenta por ciento. El comerciante concede que el negocio en su país natal ha bajado sesenta por ciento. Había que buscar otros horizontes.

No cree estarse aprovechando del miedo de los chilangos. «Tristemente, la debilidad de unos es la oportunidad de otros», reflexiona, agregando que hacen ropa antibalas a la medida para señoras, adolescentes e incluso niños. Uno sólo puede esperar que, como en Colombia, pronto llegue el momento en que los Caballero tengan que buscar su fortuna en otra parte.

EL PINTOR AL VINO TINTO

El teatro de la basura

Alrededor de mediodía, en su estudio en la Ciudad de México, el pintor Phil Kelly está tomando su segunda botella de vino. La primera fue su desayuno, que se bebió mientras daba de comer avena, leche y alimentos más ortodoxos a su esposa y a sus hijas. Dice que en la mañana no ingiere ni café ni té: «Hace mucho, desayunaba tequila. Pero eso sí es peligroso».

El estudio de Kelly, un irlandés naturalizado mexicano en 1994, es parecido al de muchos pintores —después de un huracán—. Hay un olor tremendo a óleo y trementina. Por todos lados hay montones enormes de tubos de pintura, las cajas vacías de donde provenían, periódicos viejos, botellas vacías de vino y cerveza. También en el suelo hay alrededor de cien CDs conglomerados sin orden, principalmente de *jazz* (Sonny Rollins, Miles Davis, Dizzy Gillespie), pero también de *blues*, de Bob Dylan y de ópera italiana. Hay libros (novelas y de arte), revistas y catálogos de exposiciones salpicados sobre la mesa, el sofá, el suelo.

Las paredes están cubiertas con su obra, incluyendo algunos cuadros recientes de las vistas panorámicas de su ciudad de adopción. Pero la mayoría de ellos ya están vendidos, y más que otra cosa, en el estudio cuelgan los bosquejos de las modelos que posan desnudas para él por lo menos una vez a la semana.

También sobre las paredes hay frases que Kelly ha pintado en inglés, español y francés, máximas crípticas como «The hand, the eye, the heart» (La mano, el ojo, el corazón), «No es el alcohol lo que mata, es Oaxaca» y «Nail paint to the canvas» (Clavar la pintura a la tela). Kelly, de cincuenta y cuatro años, es un hombre gordo que parece fuerte. Calvo, su cara y su cráneo son del color de la ternera cruda. Su camisa de mezclilla y su pantalón caqui están manchados con pintura: colores primarios y todos los demás del arcoiris. Lleva zapatos negros y pesados, un calcetín amarillo y otro verde.

De repente, suena una campana en la calle: ha llegado el camión de la basura. «Ven a verlo», dice Kelly, entusiasmado. Agarra su vino —servido en un vaso largo mezclado con agua mineral— y sale a su balcón para observar el teatro de la basura.

Es posible que en toda la historia de la Ciudad de México, desde su época azteca hasta el presente, ningún indígena, conquistador, mestizo o extranjero haya mirado la dinámica de la basura con tanta minuciosidad. Kelly empieza con los personajes que rodean el escenario.

«¿Ves el cartero allí? Vaga por esta esquina una hora. No tiene nada que hacer. Ya nadie escribe cartas y no tiene nada para entregar. Allí en la canasta de su bicicleta esconde una botella de cerveza. Está enamorado de esa chica, la del vestidito negro. Ella vive con unos tipos que son fotógrafos de moda, así que quizás es modelo. Aunque no tiene mucho pecho, ¿verdad?».

Ahora presta atención a los basureros. «¿Ves al tipo que dobla las cajas de cartón? Las divide entre el "buen" cartón y el "mal" cartón. Luego orinan encima para que salga más pesado. Les pagan según el peso. Este tipo que acaba de salir del camión, el chofer, es el jefe del grupo. Pero el tipo con la tabla con sujetapapeles, él es nuevo, es como el policía de los basureros. ¿Ves cómo hablan entre sí? El jefe se caga de miedo. Y ves, apareciendo de la nada, esa misteriosa mariposa amarilla.»

El pintor y el cartero se miran. Kelly sube su copa de vino. El cartero abre su canasta y saca una botella de cerveza a medio terminar. Brindan en silencio. Los dos beben.

Leyenda urbana

Primera versión: El pintor llega por ferrocarril. Phil Kelly llega a México en 1982, en tren desde Nogales. Al llegar a Guadalajara, se da cuenta de que hubo una devaluación del peso el día anterior. Las autoridades no lo dejan gastar el dinero que traía de Estados Unidos. Regresa a la frontera.

Segunda versión: Azar, glamour, *tragedia.* En 1983, harto de Inglaterra, Phil Kelly quiere vivir en otro sitio. Pero ¿dónde? ¿París o México? Lanza una moneda al aire. Gana México. Hace cualquier trabajo que puede conseguir, principalmente dar clases de inglés, pero también actúa como extra de cine. Hizo el papel del embajador noruego en *The Falcon and the Snowman* con Sean Penn («Me cortaron de la versión final», lamenta) y *La paloma blanca* con José José. («Un extra tiene que esperar tanto tiempo, que la gente se aburre y se pone de mal humor. Pero para un pintor es maravilloso: tienes quince modelos. Dibujaba todo el día.») En septiembre de 1985, uno de sus alumnos lo contrató para acompañarlo como intérprete en un viaje de negocios a San Diego. Allí, Kelly prende la televisión y ve que México ha sufrido un terremoto devastador. Ve una imagen del edificio donde vivía en la colonia Roma, ya puros escombros. Desconsolado, no puede volver.

Tercera versión: El pintor encuentra su hogar y su tema. En 1989, Phil Kelly está vivendo en un edificio abandonado en Nueva York, sin luz, calefacción ni agua. Empieza el frío. Compra un boleto a México que lo deja con cincuenta dólares. El día después de llegar, encuentra trabajo dando clases de inglés. «Me dieron los peores trabajos con el peor horario», recuerda Kelly. «Tuve que caminar, bajar al metro, subir a los colectivos, andar por toda la ciudad. Cuando vivía en Europa, no tenía dinero y por eso leía muchísimo, cinco o siete libros a la semana. Aquí, leía las calles. Los atractivos visuales, la manera física en que la gente existía día tras día. Los taxis amarillos y las palmeras eran obsesiones, emblemas que me reflejaban la exuberancia, la frescura de la ciudad».

Las tres interpretaciones de la llegada de Kelly al D.F. son certeras —por lo general—. A Kelly no le importan los detalles, sino el horizonte. Al ser entrevistado, los únicos momentos en que expresa impaciencia son cuando el reportero pide que sea escrupulosamente específico. Los hechos le fastidian. Finge que no sabe de qué trata *Dos horas y 25 años*, un libro retrospectivo de su obra. Pretende desconocer cuándo empezó a ganar dinero como pintor (alrededor de 1994). «Sigo sin saber cómo sobrevivo», dice. (De hecho, sobrevive bien. Sus cuadros, normalmente de un metro por uno veinte, cotizan en un promedio de cuarenta y cinco mil pesos en México y seis mil euros en Inglaterra e Irlanda.) Perversamente, dice que ni sabe cuántos años tienen sus hijas (Ana Elena tiene catorce y María José siete).

Para Kelly en el hombre, igual que en el pintor, los detalles surgen del panorama. Sus cuadros son grandes y románticos, vistas de las avenidas, monumentos, vías rápidas y demás paisajes urbanos de la Ciudad de México. Los detalles aparecen dentro de una perspectiva majestuosa: un pequeño Volkswagen Beetle, un arbolito asfixiado por el esmog, o una mariposa amarilla. Su conversación es igual de dispersa, inmensa y a veces enigmática, pero llena de pormenores reveladores.

La pintura y la moda

En textos y entrevistas, varios historiadores, curadores y críticos de arte comparan a Kelly con De Kooning, con Matisse, con Van Gogh, con Cezanne, con Dufy, con Pollock, con Soutine. Le dicen figurativo, neofigurativo, fauvista, expresionista, neoexpresionista y, en un caso, que representa «la frontera fauvista entre el impresionismo y el expresionismo».

A Kelly no le importan las etiquetas. Explica que sólo quiere pintar. Además de la vista panorámica de la Ciudad de México, también hace cuadros de otros aspectos de la urbe: las cantinas, una calle vista desde una ventana o una azotea. Pasa tiempo en otras partes de México, principalmente Oaxaca, para producir más obra.

Expone en la galería Frederick, en Dublín y la Panther & Hall, en Londres. En México ha tenido exposiciones individuales en el Museo de la Ciudad de México y en el Museo de Arte Moderno, y en varias galerías, casi todos los años desde 1990. Pero en el D.F. no tiene una galería fija.

Ruth Munguía, la esposa de Kelly, que se encarga de la mayoría de los negocios de su marido, dice: «Antes, las galerías te compraban la obra y se comprometían a venderla. Ahora son puros *dealers*, no hay ningún compromiso de su parte. Luego te piden exclusividad pero no te la quieren pagar».

Kelly, muy productivo, vende todo lo que pinta. Pero cabe decir que el pintor —y la pintura por lo general— está completamente fuera de la moda del arte contemporáneo mexicano. A fines de los años ochenta, Kelly emergió con un grupo de artistas, entre ellos extranjeros que hicieron su fama en México (Santiago Sierra, Francis Alys, Melanie Smith) y mexicanos que luego hicieron ruido en el extranjero (Gabriel Orozco, Daniela Rossell, Yoshua Okón). Aunque algunos (hay que destacar a Alys) empezaron como pintores, el único que sigue pintando es Kelly. Los demás han apostado hasta la camiseta por el arte conceptual.

A finales de los ochenta, este grupo estaba marginado. Exponían en barrios tenebrosos, en la calle y en casas de amigos. (Una de sus galerías se llamaba El Ghetto.) Ahora son el *establishment*. Exponen en museos, galerías y bienales de Nueva York, Venecia, Estambul y Johanesburgo.

«El arte contemporáneo mexicano trata del chisme, de las becas, de los proyectos», dice James Oles, un historiador y crítico norteamericano radicado en el D.F. «El modelo es posmoderno. No se trata del viejo modelo del alcohol, el estudio y la pintura. A Okón, Alys y Orozco les interesa ser productores de cultura, viajeros, manipuladores, jugadores, teóricos. ¿Qué son? ¿Artistas? ¿Sociólogos, fotógrafos, antropólogos, poetas? Juegan papeles múltiples.

»Kelly es un pintor clásico y tradicional. Tiene un estilo más o menos conservador, y es parte de una tradición que viene desde Van Gogh y el nacimiento del expresionismo del siglo XIX, en que una pincelada relajada revela tensión, drama, la emoción del color. Hoy, la pintura notable también es conceptual y tiene que ver con los problemas y temas contemporáneos. Y no con el drama de hacer arte».

En su estudio, el desprecio absoluto con que el mundillo del arte contempóraneo mexicano trata a la pintura hace reír a Kelly. «¡El desprecio absoluto me hace sentir maravilloso!», declara. Se pone serio. «Creo que la pintura es terriblemente importante, y me encantaría que hubiera más gente que pintara en lugar de posar. La pintura es las manos, el corazón, los ojos, la vida.»

El arte conceptual, dice, «es demasiado fácil. Puedes entrar a mi cocina y agarrar las botellas y la silla, y llamarlo una instalación. Esa gente estudia arte durante cinco o seis años y cree que tiene algo especial que decir. Su manera de ver es una tontería. Necesita ser más concreto, más táctil».

«En el mundo del arte, muchos tenemos la tendencia de ser víctimas de la moda», dice José Manuel Springer, el editor de *dos horas y 25 años*, el libro de la obra de Kelly. «Phil no quiere construir un discurso político o hablar de él mismo. No hay símbolos, ideas o retórica. Hay una iconografía, un tratamiento de una ciudad cosmopolita, intensa y caótica, en la que ha podido encontrar un cierto orden, a través de símbolos, signos y prototipos de la ciudad contemporánea. Hay una tremenda consistencia en su obra. No le importa pertenecer a una vanguardia. Un gran artista no tiene que pensar en la moda.»

El outsider

Phil Kelly nace en una familia protestante en Irlanda, un país con mayoría católica. A los tres años se muda a Inglaterra, en donde pertenece a otra minoría: «Los irlandeses en Inglaterra son como los negros en Estados Unidos», dice. Asiste a una escuela en donde valoran las matemáticas y desprecian la pintura. Antes de asentarse en México, pasa temporadas en España, Portugal y Estados Unidos, viviendo en los márgenes, sin un quinto.

«Siempre he sido un *outsider*», explica.

Para Kelly, la costumbre del alcohol, más que una postura romántica, es una manera de aliviar dolores antiguos. Por lo menos es la impresión que da cuando describe su pasado.

Su madre murió cuando tenía diez años. El primer crítico de su arte —la primera persona que le propinó «el desprecio absoluto»— fue su padre, un arquitecto que, según Kelly, consumía una botella de whisky diaria. La bebida lo volvía cruel. «Me dijo que sería un bueno para nada toda la vida», dice.

«Tuve una serie horrible de madrastras potenciales. Una era la dueña de una isla caribeña, y con el desayuno, tomaba una botella de ginebra. Un año, para Navidad, le regaló a mi hermano una ametralladora y a mí una granada.»

En los años cincuenta y sesenta, las escuelas privadas inglesas eran famosas por su brutalidad. El castigo corporal era la norma. A Kelly lo sancionaron por su interés en el arte y su inutilidad absoluta en la matemática. A los catorce años, empezó a agregar vodka a su jugo de naranja.

«Siempre soñaba, todos los días, con ser pintor. Todo el mundo me decía que iba a ser un fracasado. Mi padre no me dejaba estudiar pintura.» Fue a la universidad de Bristol. «Creo que me titulé», dice. «Dormía en los parques. Me fascinaban los vagabundos.» Después vivió en edificios abandonados en barrios duros de Londres. Conoció a artistas famosos —Lucien Freud, Francis Bacon, R.B. Kitaj— pero siempre vivió en las orillas de su mundo.

Kelly ha entretenido a mucha gente cuando habla de la serie de trabajos que aguantó mientras luchaba por ser pintor. Fue lechero y manejó un camión repartidor de pan. Dio clases de pintura a mujeres encarceladas. También tuvo la tarea de matar pavos en una granja en Inglaterra. «Tenía que agarrarlos por las patas, atarlos mientras batían sus alas, colgarlos cabeza abajo y darles un *shock* con un cuchillo eléctrico. Y luego, cortarles la garganta. Después de eso, fui vegetariano durante un año.»

Aunque cuenta la historia de su vida con una gran sonrisa, hasta cierto punto es comprensible que alguien que viene de un comienzo tan poco prometedor y una vida tan difícil, llegue al caos y el desorden exquisito que es la Ciudad de México y encuentre su hogar. No sólo un hogar, sino un tema, una disciplina, un público que responde a su obra, una mujer, una familia, en fin, una vida. «No puedo imaginarme viviendo en ningún otro sitio», dice. «Quieren darme una beca para vivir en Irlanda un año. Me da flojera. Hace mucho frío.»

La basura se convierte en arte

Aunque a veces simula ser incomprensible, Kelly tiene una vida muy coherente. Lee libros en inglés, periódicos en español y revistas en francés. En la mañana, despierta a su mujer y a sus hijas, y una vez que las niñas se van a la escuela, él se marcha al estudio. No suele comer, pero prepara la cena familiar, de recetas de libros de cocina francesa. Él y Ruth tienen una multitud de amigos que los visitan con frecuencia.

Igual, su estilo de vida tiene un precio. Kelly ha tenido episodios en los que ha ingresado en el hospital vomitando sangre. «Estoy asombrado de que mi cuerpo haya sobrevivido a su descomposición general después de tantos años», dice.

Ha intentado dejar el alcohol, pero resultó más desagradable que seguir bebiendo. Ha abandonado el tequila y otras bebidas fuertes, y sólo consume vino y cerveza (aunque de vez en cuando en las cantinas pide una copa tétrica que contiene vino, 7 Up, jugo de limón y un poco de vodka). Se defiende con el argumento de que su padre vivió hasta los ochenta y cinco años a pesar de su botella diaria de whisky.

Su mujer lo llevó a un acupunturista hace meses. Kelly describe la experiencia con un menosprecio elegante. «Las paredes estaban pintadas del color de la pasta de dientes. Te pican con agujas y hay música esotérica con murmullos de ballenas. Toda la gente en el consultorio ama a su doctor-gurú divino y todos leen a Deepak Chopra. No quiero estar sano. Sólo quiero pintar.»

Allí en su terraza, hablando sobre este tema, dice: «Realmente estoy haciendo la misma mierda. Aunque a veces hay sorpresas. Hay cosas estúpidas que aparecen. Por ejemplo, cuando construyeron esta torre horrenda [la Torre Mayor], empecé una serie de cuadros sobre las torres. Y el segundo piso del Periférico. Se me ocurrió que nadie más estaba pintando el segundo piso, y empecé. Todo es observación iconoclástica».

En la calle, todos los vecinos han tirado su basura y se han ido. Hasta el cartero ha terminado su cerveza y desaparecido en su bicicleta. Los basureros han amarrado y arreglado todo a su camión. Dos de ellos prenden cigarros y se sientan en la parte trasera del vehículo. Dice Kelly, fascinado: «Sigo intentando averiguar cómo voy a pintar todo eso».

SOCIALES

TODO MÉXICO

«Fue el evento más importante del año», dice Nicolás Sánchez Osorio. Modestia aparte, se refiere a una fiesta que él mismo organizó, celebrando el decimoctavo aniversario de su revista *Casas & Gente*. Sánchez Osorio es un ser que no parece sufrir de pena ni pudor; en el número que marca el cumpleaños de la revista aparece su foto ni más ni menos que seis veces.

«Todo México estuvo», dice del evento. «La representación más noble, fulgurante, célebre y de moda de toda la ciudad». La concepción de Sánchez Osorio de «todo México» consiste en Jacobo Zabludovsky, Edith González, el embajador de Francia, Eugenio López de la colección Jumex, el arquitecto Diego Villaseñor, la filántropa Alejandra Alemán, el magnate José Milmo, la arquitecta-escritora Claudia Marcucetti, y el asesor político Julio Madrazo. Además de las varias caras de momia, de hígado y de intervención quirúrgica que aparecen en las páginas de sociales de los diarios.

Santiago Creel, entonces Secretario de Gobernación, cortó el listón a la entrada del evento, un acto que provocó el comentario de una asistente: «Por eso el país está como está. Él pasa su tiempo en fiestecitas». Mil doscientas personas gozaron de buffets de comida asiática y española, vinos y alcoholes más fuertes, una banda que tocó música árabe y luego otra de son cubano. Un salón del hotel Sheraton Centro Histórico fue decorado con retratos de algunos de los ricos y famosos que han aparecido en los dieciocho años de la revista, ampliados al tamaño de anuncios espectaculares. Fueron puestos a la venta por tres mil pesos cada uno.

Hablando por micrófono, Sánchez Osorio le dio las gracias a una lista de patrocinadores tan larga —entre ellos Chivas

Regal, el restaurante Ambrosía del Sheraton, Aeroméxico y Mexicana (que regalaron viajes que fueron rifados)— que corrió la voz de que él no gastó ni un centavo en el evento.

«No es cierto», dice. Menciona una cantidad estratosférica de dinero. «Pero eso es *off the record*», agrega. «Sería vulgar mencionarlo.»

La vulgaridad es el peor pecado del que hayan acusado a Sánchez Osorio, por publicar una revista que glorifica a los ricos en un país donde la mitad de la población es pobre. «La apreciación es errónea», explica. «No glorificamos la riqueza. Glorificamos el buen gusto por modesto que sea. Normalmente la riqueza es de mal gusto.»

Sánchez Osorio nació en 1940 en Puebla. Su padre tenía un estudio fotográfico donde retrataba novias. Después de un par de años de estudios becados en Francia, Sánchez Osorio regresó a México y cambió el panorama del periodismo social, en los periódicos *El Heraldo* y *Novedades*. En lugar de notas largas y sobrias con la gente retratada en poses tiesas, él fotografiaba chicas en los años sesenta en escandalosas minifaldas, o bikinis en Acapulco, con textos más ligeros y burlones (aunque inofensivos).

Ahora forma parte del círculo social que siempre le ha fascinado. Cuando lo acusan de «trepador social», Sánchez Osorio sólo se ríe. «Quizá tengan razón», dice. «Mi trayectoria es la de un poblano que llega a ocupar un lugar importante en el mundo editorial mexicano, sin herencia, ni de medios ni de dinero. He trepado una escalera que tiene miles de escalones.»

Nicolás Sánchez Osorio murió en 2006, con posterioridad a la redacción de esta nota.

CONFESIONES DE UNA CHICA W

Sábado en la noche. El Midnight Oil Living Room, el *lobby* bar del Hotel W, está repleto. Ha sido así desde su apertura. Hay gente en todos los sofás (que son súmamente incómodos, sin ningún respaldo). Otros están parados o hasta bailando en los estrechos pasillos. Aún más esperan en la entrada.

En su mayoría, el público parece haber aparecido de una revista de moda: mujeres esbeltas con ombligos al aire, tatuajes expuestos en su espalda baja, cabellos pintados con rayas. Una trae *jeans* con nueve etiquetas de Dolce y Gabbana alrededor del cinturón. Los hombres visten camisas a rayas con mangas desabotonadas, chamarras de piel, pelo largo engominado o cráneos rasurados. Mezclados con ellos hay ejecutivos gringos, golfas de colección y un sujeto en pantalón de cuero que parece el hermano menor de Rod Stewart. Y un político de alto perfil, acompañado de una mujer con microfalda, medias de red, tacones altos y una cabellera *this big*.

Darling, una de las meseras que los atiende, ha agarrado la onda de que los ochenta pesos que los clientes tienen para comprarse una copa no les proporcionan buenos modales. Con sus cocteles encima, le gritan desesperadamente cuando quieren servicio. Un señor borracho le aventó una servilleta, otro le dijo «puta» a sus espaldas. Cambian de un lugar a otro sin avisarle. No abren paso cuando quiere pasar por el pasillo con su charola en mano.

Sin embargo, Darling les atiende con profesionalidad, encanto y calidez. Vestida en su uniforme negro —blusa de escote profundo, falda ajustada que expone mucha pierna y botas hasta la rodilla— su comportamiento hacia su clientela es impecable. Y de un aprendizaje reciente: ella —como casi todas sus bellas colegas, de familias bien— no tenía experiencia como mesera antes de empezar en el W.

Tuvo que pasar la prueba de dos entrevistas. «En la primera, me dijeron que se buscaba gente joven, dinámica, con una *open mind*. Manejan muchas palabras en inglés, tienes que hablar al cien por ciento para trabajar allí», dice. «Me mostraron fotos de los bares que tienen en Estados Unidos». El Midnight Oil Company maneja veintiún bares en el país vecino, principalmente Nueva York, la ciudad natal de su dueño, Rande Gerber, que además de su éxito empresarial está casado con Cindy Crawford. En la segunda entrevista, Darling conoció a dos ejecutivos neoyorquinos que la vieron con suficiente «inciativa» y «creatividad» para darle la chamba.

El entrenamiento: una tal Lisa, también de la Gran Manzana, les mostraba cómo sostener la charola, cómo agacharse, arrodillarse y torcerse para servir las copas en las mesas bajitas. «Te acabas acostumbrando», dice Darling. «No sé cómo». Otra mujer les enseñó cómo maquillarse («nada estralafario, natural, pero bien arreglado») y peinarse («cabellos fuera del rostro o recogido de una cola»). Si quieren cambiar su imagen, tienen que pedir autorización.

Luego los vestuarios provocativos. Y las bebidas especiales, azules, verdes y roja: el Sapphire Cosmo, el Smoky Apple Martini, el Vanilla Mudslide. («Nos dieron a probar todas. Resultó una gran fiesta.»)

Más importante: las formas de pago. Cada mesera es su propia cajera y se hace responsable. «En una noche llena, varios clientes desaparecen sin pagar», dice. «En ese caso tenemos que pagar nosotras.»

Además de sufrir los robos, Darling ha atendido una mesa que dejó cuatrocientos pesos de propina después de gastar ocho mil en copas. No importa. Va a atenderlos a todos con calma —el burro que enciende su caballito de tequila con cerillas, la pareja que casi coge en un rincón no muy discreto, los que chasquean sus dedos y le gritan «¡Ey!»,—. En una noche media quince tipos le tiran el can, seis o siete la invitan a salir. Los deja soñar; ya tiene novio.

EL MUNDO EN EL DF Y EL DF EN EL MUNDO

EL VENTARRÓN

Se viste de payaso: bombín negro, pantalones cortos, camisa a cuadros de colores caleidoscópicos y una corbata que choca con la camisa. Es alto y flaco —casi tan flaco como los palos con los que hace malabarismos mientras el tráfico está en alto en la intersección de la calle de Sonora con avenida México—. Se llama el Ventarrón, aunque parece que un viento no tan fuerte lo podría derribar.

Es argentino, uno de tantos que ha llegado al D.F. en los últimos años. Pero enfatiza que no está en México por motivos económicos. «Tengo la esencia nómada», dice. «Salí de Argentina un año antes de la crisis, por el gusto de viajar. Algunos argentinos son muy viajeros, es parte de nuestro carácter.»

Viajaba por toda América, ganándose de comer y dónde dormir con su malabarismo en las calles de Quito, de Bogotá, de la Ciudad de Panamá («Había un súper abierto las veinticuatro horas a la vuelta de mi hotel», dice. «Panamá es un poco artificial, como un pedacito de Miami en Centroamérica.») También en lugares menos conocidos, como Bucuramanga, Colombia («Es muy tranquilo allí, porque reinan los paramilitares») y Coro, Venezuela, donde tenía la impresión de que la población nunca antes habia visto un malabarista: «Me miraban con la boca abierta».

A veces, en sus andanzas, El Ventarrón se juntaba con otros malabaristas viajeros. Solían decir a la población local que habían sido despedidos de un circo. En muchos sitios, dice, los policías y los conductores de microbuses son los que suelen cooperar más. En un pueblo que se llama Ibarra, los ecuatorianos le daban mucho dinero pero de propina le decían groserías.

«Como "juege con esto"», indicando dónde debe meter los palos.

Sin embargo, los chilangos le tratan con respeto. «La gente me parece muy amable, siempre tiene una sonrisa en la cara. En cuanto al tráfico, a la violencia, no la veo tan caótica comparada con otros lugares. El problema más fuerte es el aire. Me seca la garganta, me parte los labios.»

¿Y el choque más profundo?

«La primera vez que compré un mango en la calle y me preguntaron si quería chile. La cultura del chile me alucina.»

El Ventarrón es muy consciente de la mala fama que tienen los argentinos en México y otras partes de América Latina. «En algunos sitios en Sudamérica creen que todos tenemos plata. Pero no sabes cómo se solucionará: si van a querer quitártela o querer que te cases con su hija. La verdad es que hay muchos argentinos que sí tienen este carácter estereotípico, de soberbia, se creen superiores. Pero como viajero tengo que respetar las otras culturas y ser comprensivo.»

Aunque está a gusto en México, no se va a quedar mucho tiempo. No ha durado más que tres meses en ningún sitio desde que empezó su travesía. También le duelen las acusaciones que muchos mexicanos apuntan a los argentinos: como la de que les están robando la chamba.

«En una época, los argentinos se quejaban de que los bolivianos y los peruanos estaban quitándoles el trabajo. Pero quizás el problema era con los argentinos que les daban los trabajos a ellos en lugar de a su propia gente. He escuchado que las modelos argentinas trabajan mucho aquí. El problema no es con las modelos, sino con los que les dan el trabajo, que las creen más bellas que las mexicanas. Yo veo la belleza en muchas formas, no sólo en las modelos que se ven en las revistas europeas.»

Mientras, Don Lulo, el malabarista que trabaja a la vuelta del Ventarrón en Avenida México con Parque España, no tiene ningún problema con su colega foráneo. «Él tiene su calle y yo la mía», dice, con una sonrisa amable en la cara.

SIEMPRE LUCHANDO

Se encuentran los viernes en la Arena México, corriendo alrededor del *ring*, bailando al lado de los luchadores que están tirados o que se lanzan fuera del cuadrilátero. Su trabajo requiere una agilidad acrobática casi igual a la de los luchadores. Tienen que evitar que les caigan encima, y tienen que esquivar a los fans que, emocionados, saltan en bola en los pasillos junto al *ring*.

Son fotógrafos: capturan el espectáculo en película y video. Fácilmente se distinguen entre los otros que hacen lo mismo. Algunos les dicen «los chinos» y otros «los coreanos», pero Kazuataka Kobayashi y Tempei Kitani son japoneses. Kobayashi toma fotos para una publicación cuyo título traducido del japonés sería *El semanal de la lucha libre profesional*. Kitani colabora con una revista que se llama, en cualquier idioma, *Gong*, dirigida por un tal Doctor Lucha, un japonés que luchó en México hace varios años.

Kobayashi dice que lleva «doce años y seis meses» en México: uno se pregunta si también cuenta los días. Antes de llegar, se ponía traje y corbata todos los días, durante un año, para ir a una empresa en Tokio. Decidió que quería otra vida.

«Llegué el 17 de septiembre de 1992», dice. Tenía veinticuatro años. Durante quince meses entrenó para ser luchador profesional bajo el tutelaje de Karloff Lagarde. «Fui el único japonés que pasó el examen profesional aquí. Debuté el 26 de diciembre de 1993 en el Toreo de Cuatro Caminos bajo el nombre Goku». Aquella noche, formó parte de un equipo con El Gran Apache II y El Loco Valentino. Lucharon contra Tsuraco y Los Teutones. Perdieron.

Kobayashi luchó durante seis años. Lo hizo en varias ciudades mexicanas y en Japón. «También luché en la calle», comenta Kobayashi. «A los mexicanos les gusta tanto la lucha libre, que a veces lo hacíamos en fiestas y en ferias.» Concede que perdió en más ocasiones que en las que ganó.

Kitani, de veintiocho años, habla un español mucho más fluido que Kobayashi, aunque sólo tiene tres años aquí. Quizás, porque además de trabajar con mexicanos, tiene una novia mexicana, también fotógrafa. (Kobayashi está casado con una japonesa.)

«Las luchas me aburren muchísimo», confiesa Kitani. Las fotografía por necesidad. «Voy una vez a la semana a las luchas para *Gong*, y me pagan más de lo que gano en un mes entero en Notimex.» De lunes a viernes, Kitani trabaja para la agencia mexicana, cubriendo entre uno y tres eventos al día. Aunque mal pagado, le gusta su trabajo: «Cada día es distinto. Nunca sabes si vas a cubrir el desafuero o una conferencia de prensa. Soy casi el único de los fotógrafos que habla inglés, y no necesito visa para ir a Estados Unidos. Así, me han mandado para ir allí varias veces».

Kitani salió de su casa en Kobe a los quince años. «Siempre quise vivir en otras partes. Llegué a Rusia justo después de la caída del muro de Berlín. Pasé siete años allí. Primero estudié y luego preparé *sushi* en un restaurante de comida rápida en Moscú. El *sushi* se convirtió en una moda y miles de japoneses lo preparaban en todo el mundo.» En cuanto a la comida japonesa, Kitani dice que no es conservador: en México incluso come *sushi* con mayonesa, jalapeños y queso Filadelfia, algo que sería una blasfemia en su país.

Los dos japoneses parecen haberse adaptado a la ciudad sin grandes dificultades. Sin embargo, Kobayashi observa que las pequeñas molestias mexicanas tienen un poder acumulativo. Por ejemplo, deja su coche en un estacionamiento privado, pero, *por casualidad*, aparecen una infinidad de rayas en su chasis. «Un día no te sirve el teléfono. Al otro día se va la luz. Vas a las oficinas y te dicen que te la cortaron porque no pagaste. Pero sí, ¡pagaste! Son cositas, pero son ¡muchas, muchas, muchas!».

Por un lado, Kobayashi dice que se hartó de las luchas, pero igual pretende escribir un libro sobre ellas. No quiere volver a Japón, aunque su mujer querría cambiarse a una ciudad más pequeña que el D.F. Mientras Kitani, como fotógrafo apasionado, quiso estar en México para las elecciones de 2006. Tiene otra ambición. Antes de llegar aquí pasó seis meses en La Habana, y quiere volver en un momento que será muy importante para las noticias. «Tarde o temprano, Fidel se tiene que morir.»

EL MIEDO NO ANDA EN CANGURO

El premio literario más importante del mundo británico se llama Booker. Cada otoño un novelista del Reino Unido o de una de sus ex colonias es galardonado con dicho premio. No obstante, en octubre de 2003 lo ganó un escritor que se considera mexicano.

Se trata de *DCB Pierre*, pseudónimo de un tal Peter Finlay. Su «mexicanidad» es a pesar de que lleva pasaporte australiano y de no haber pisado tierra azteca desde 1987. Pasó buena parte de su niñez, adolescencia y juventud en el Distrito Federal, una estancia debida al hecho de que su padre, un científico, trabajaba en la investigación genética en Texcoco. Pierre solía escapar de sus estudios en el Colegio Británico para acompañar a los albañiles de su barrio a las pulquerías y a los torneos de gallo. ¿Cómo explica el hecho de sentirse mexicano?

«Porque aun sin trono ni reina, mi palabra sigue siendo la ley», dice. «Porque igual me burlo de la vida y de la muerte. Por bohemio y trovador. Por hijo de la chingada y santo. Por grosero. Porque el miedo no anda en canguro. Porque México se quedó con toda mi lana, las vidas de mis cuates y mi alma. Porque a final de cuentas los gabachos nos la pelan. Si hasta espinas me salen, güey.»

Esta respuesta fue la única en español durante una entrevista reciente que Pierre concedió. Desde su casa en las montañas del Condado Leitrem, Irlanda (un ambiente que dice que le recuerda al del Ajusco), Pierre contestó unas preguntas vía electrónica. Juró que mientras escribía, estaba tomando un Don Julio y fumando un Delicado importado por su mejor amigo.

Su novela premiada —la primera que ha escrito— se llama *Vernon God Little* y está narrada por un muchacho de quince años, residente de Martirio, un pueblo distinguido por ser «la capital de la salsa barbecue del centro de Texas». Vernon, el adolescente, tiene la mala suerte de haber estado cerca de una masacre en su preparatoria, estilo Columbine. Luego, las autoridades, buscando un chivo expiatorio, lo encuentran perfectamente en el joven. En el clímax del libro, él se halla esperando la silla eléctrica, su celda convertida en el escenario de un *reality show* en el que los televidentes votan por cuál prisionero muere primero.

Tan sólo un mes después de ganar el Premio Booker, la novela vendió doscientos cincuenta mil ejemplares en el Reino Unido. Los derechos en varios idiomas ya están vendidos, incluyendo japonés, italiano, holandés y español. Pero la crítica en Estados Unidos fue mucho más dura, diciendo que el libro era obvio, lleno de clichés y poco sutil.

«Quizás Estados Unidos es un lugar obvio, poco sutil y lleno de clichés», dice Pierre. «Es genial que los gringos agarren eso, pero no escalen al siguiente nivel del libro. El chiste es que no es un retrato de Estados Unidos, sino de la manera en la que Estados Unidos se nos vende con sus medios. Es un mundo fantástico hecho con los sucesos y estereotipos más vergonzosos.»

Un pedazo de la novela, quizás la sección más chistosa, tiene lugar en Acapulco. Pierre, como muchos escritores británicos y gringos, ha sido inspirado por México y sueña con escribir una novela que se ubique aquí. «México para mí es como la vida misma. Nunca más he vivido los sucesos escandalosos y raros de magia, fortuna, belleza y la verdad que pasan allí día y noche. Pero necesito grandes tablas para escribir eso, y apenas estoy empezando en este camino.»

Después de ganar el Booker a los cuarenta y dos años, Pierre confesó a reporteros ingleses que, desde que salió de México en los años ochenta, su propia vida fue algo entre un *reality show* y una telenovela. Fue adicto a una gran variedad de drogas, vendió la casa de un amigo y se fugó con el dinero, amontonó deudas hasta por doscientos mil dólares. (Con las ganancias del libro dice que ha devuelto la tercera parte.)

«Todos los problemas que he tenido fueron reacciones a mi salida de México. Fui un pez fuera del agua, y aposté hasta la casa intentando regresar. Ahora, diez años después de mis fracasos más grandes, he hecho el voto de no volver hasta que pueda quedarme». Pero asegura que va a regresar. «Como el rey de California dijo una vez, *I'll be back.*»

EL EMPERADOR DE SAN FRANCISCO

Cada martes a las seis de la tarde en punto, el cantinero del Café Tosca, en el barrio de North Beach en San Francisco —un bar que ha estado perpetuamente de moda desde su apertura en 1919—, pone una aceituna en una copa martinera, llena el vaso con agua fría y lo deja en un punto estratégico sobre la barra. El ritual del martini postizo anuncia la llegada inminente de Juvenal Acosta y frena a cualquier otro cliente de ocupar su lugar de costumbre.

Acosta, un chilango radicado en San Francisco desde hace más de veinte años, tiene la melena negra engominada y suele vestirse de negro de la cabeza a los pies. Aunque por lo general viene al Tosca los martes para platicar con sus amigos, de vez en cuando una gringa se derrite bajo su mirada dura, como si lo confundiera con la nueva encarnación del emperador Moctezuma, o con un matón a sueldo de una película de Tarantino.

Durante una visita reciente a su ciudad natal, Acosta, autor de las novelas eróticas *El cazador de tatuajes* y *Terciopelo violento*, reflexionaba: «Soy *el otro* en Estados Unidos. Soy el reflejo de sus ansiedades, sus dudas, su curiosidad y sus inseguridades sobre ellos mismos. Eso me parece muy bien. Ser mexicano allí no es una opción. Es una condena».

A pesar de la condena, le ha ido muy bien. Acosta llegó al otro lado en 1986, como participante en un intercambio de poetas jóvenes. Se quedó: «Conocí a una güera, la güera más güera que había visto en mi vida, y nos enamoramos». Después de que venciera su visa de turista, Acosta se convirtió en ilegal y trabajó de albañil, de carpintero y de enmarcador de cuadros. Luego consiguió la residencia por medio de su primera esposa, una italiana residente (y morena, enfatiza él). Paso a paso, su nivel de vida mejoró.

«El norteamericano cree que es mejor dar apoyo a las buenas ideas que reprimirlas. Me presenté y me ofrecí como una buena idea. Cuando llegué, me propuse editar colecciones de poesía mexicana. A la editorial City Lights le pareció una buena idea. Al estado de California, le pareció una buena idea apoyar a un joven escritor mexicano con una beca. Luego les pareció una buena idea contratarme y darme una plaza universitaria». Actualmente es el director del programa de literatura y escritura en el California College of the Arts.

Dice que no extraña México: «Me veo reflejado en la realidad de Estados Unidos. Me veo en este espejo. Me he apropiado de San Francisco: es mi ciudad. No vivo a medias. No creo que la vida esté en otra parte».

Naturalizado estadounidense desde 1994, a veces dice de broma que votó por Bush en 2000. Prefiere no aclarar si hay algo de verdad en el chiste. «Soy miembro del Partido Verde, pero no iba a votar por Nader. En el último momento tuve un problema. No quería votar solamente como ciudadano norteamericano, sino también como mexicano. Tengo un hermano que es inmigrante ilegal. Tuve que poner en la balanza cuál de los dos cabrones, Gore o Bush, ofrecería una amnistía a los ilegales. Bush ya se había apalabrado con Fox. Luego, con el 11 de septiembre, todo cambió».

Agrega: «Es una verdadera desgracia que Bush esté en la presidencia». Obviamente no votó por él en 2004.

Las novelas de Acosta, escritas en español y publicadas por Planeta, tienen un contenido sensual notorio. Cuando en alguna ocasión leyó un fragmento de *Terciopelo violento* en la Feria del Libro de Guadalajara, la temperatura subió marcadamente, en una sala principalmente de público femenino. Sin embargo, dice que las mexicanas nunca lo han pelado. (Su segunda esposa es argentina.)

«Soy exactamente lo que una mexicana no quiere. Soy prieto. Tengo los pelos parados. Tengo una aparencia muy brusca, me veo demasido varonil. A las mexicanas más avanzadas, les gustan los tipos más sensibles o delicados. Si eres güero de ojos azules, matas». Parece que se conforma lamiendo sus heridas en el Tosca.

CAFEÍNA POR LAS VENAS

Para la mayoría de la gente, viajar 1200 kilómetros para tomar un café sería una exageración. Pero para un tejano que se llama Winter, es una distancia factible. Ha recorrido trayectos mucho más largos para sus dosis de cafeína: el más extenso fue desde Houston, donde vive, hasta Tokio (10 763 km). También ha ido a Londres (7 800 km), a Madrid (8 072 km) y casi a cada rincón de los Estados Unidos. Su visita reciente a la Ciudad de México fue un viaje relativamente corto.

Winter calcula que ha viajado casi seiscientos mil kilómetros para lograr su objetivo, que es tomar un café en cada Starbucks del mundo. Desde 1997, ha visitado casi seis mil. Sin embargo, Starbucks tiene más de quince mil locales. Winter entiende que es un desafío que nunca podrá cumplir, pero no le importa. «Me gusta», explica. «Me divierto».

Intenso, de treinta y cuatro años, Winter fue bautizado como Rafael Antonio Lozano por su madre panameña y su padre colombiano. Escogió un alias porque los bancos que manejan las tarjetas de crédito solían confundirlo con su padre, que tiene el mismo nombre. Además, para él, *Winter* tiene el *cachet* de un personaje de una novela de espionaje, o una película de James Bond.

Llegó al D.F. tarde en la noche y a las siete y media de la mañana siguiente, visitó su primer Starbucks a unos pasos del Zócalo, a la vuelta del hostal donde pernoctaba en un dormitorio con otras nueve personas. (Cuando viaja por Estados Unidos, siempre duerme en su coche, para ahorrar el dinero que gastaría en los hoteles. Hasta la fecha, su proyecto le ha costado alrededor de cuarenta mil dólares.) El joven que trabaja en la tienda miró con desconfianza a Winter, que entró vestido con el *uniforme* que lleva cuando viaja: *jeans* maltratados y una playera negra de Starbucks que tiene hoyos en una manga.

Empezó su monólogo de costumbre, presentándose al joven y pidiendo una cata gratuita de ciento veinte mililitros. «¿Has oído hablar de mí?», preguntó Winter. El vendedor dijo que no. En unos momentos, su expresión cambió de sospecha a lástima.

Este paso entre duda y piedad se repitió durante varios Starbucks más: ningún empleado lo conocía. (En Estados Unidos reconocen a Winter habitualmente. Varios periódicos estadounidenses han publicado notas sobre él y es el protagonista de un documental que todavía no tiene distribución.)

Hubo algunas variaciones: en un Starbucks ubicado en un centro comercial de la Zona Rosa, las cuatro mujeres detrás del mostrador, jóvenes y guapas todas, lo vieron con cariño maternal. El supervisor del Starbucks en el *lobby* de la Torre Mayor pareció ser casi tan entusiasta como Winter. Intercambiaron datos de varias sucursales en Europa.

Winter empezó su gira sin otro motivo que el de «hacer algo único», según dice. «Con el tiempo he encontrado otros: puedo viajar y conocer nuevos lugares y personas. Es un reto constante. Y satisface mi necesidad de atención: mis padres no fueron muy cariñosos, no había muchos besos o abrazos. Pienso que estoy muy necesitado de atención debido a eso.

»Creo que la familia es una institución destructiva», continúa. «Sus valores no son los mejores para una sociedad. Me gustaría tener un hijo pero nunca lo voy a hacer, porque sería hipócrita de mi parte», reflexiona. Cuando no está viajando para cumplir su reto, trabaja como programador de computadoras. Ha consumido más de setecientos litros de café en su proyecto, aunque cuando no está de viaje, sólo toma un café por día. (Por supuesto, «siempre Starbucks».) Acabó sus tres días en el D.F. visitando cuarenta de las cincuenta y una tiendas que hay. Tuvo la suerte de estar durante Semana Santa, sin problemas de tráfico.

No ve nada siniestro en el hecho de que Starbucks, en su intento por dominar el mercado mundial, se haya convertido en el McDonald's de los cafés. «Si es cierto que tiene elementos de destrucción social, el mundo tiene problemas mucho más serios, como el agua, la energía y la pobreza. El café es un lujo, no una necesidad. Si es cierto que Starbucks acaba con algunos cafés pequeños, es un síntoma de problemas más grandes. La destrucción es parte de la naturaleza humana.»

GLORIAS GASTRONÓMICAS

¿QUIÉN LE TEME A DIANA KENNEDY?

El que invita a Diana Kennedy a comer lo hace bajo su propio riesgo. En un restaurante no perdona nada. Por ejemplo, al probar un tamal norteño en La Flor de Lis (donde los han servido desde 1928), ella comenta: «¡Qué bárbaro! ¡Un desastre! Los puedo hacer cien mil veces mejor en mi casa». Un entremés de huazontle con queso de cabra en Águila y Sol es «ridículo» y las tortillas que acompañan un plato fuerte son «absurdas». En Izote, el dzik de venado es una «distorsión horrible», mientras duda de la frescura de la tabla de embutidos servido en Tierra de Vinos: «¿Quién sabe cuándo los rebanaron? Hace horas, o días».

¿Quién es esta mujer que hace tales dictámenes devastadores de los restaurantes más amados del D.F.? En pocas palabras, es la autora de los siete libros de cocina mexicana más respetados en el mundo. Kennedy es una inglesa que ha vivido en México casi continuamente desde 1957 y que ha pasado cuatro décadas recorriendo toda la República, sola, de pueblo en pueblo, en su coche, en camiones de segunda, en taxis alquilados con choferes desconocidos. Todo el kilometraje en búsqueda de las recetas auténticas, las joyas escondidas, de la cocina nacional.

«Es museógrafa, historiadora y antropóloga de nuestra comida», dice la escritora Alma Guillermoprieto. «Libro tras libro, va a los orígenes en busca de la receta original, se fija en lo más sencillo, rescata la elegancia de nuestra comida y también su anafre. Trabaja como una bestia».

«A ella se le debe que la cocina mexicana sea reconocida, aquí y en el extranjero», dice Carmen *Titita* Ramírez Degollado, dueña del restaurante El Bajío. «Diana tiene un amor muy grande por México, y ha convivido con nuestra gente y nuestra comida. De ahí su exigencia. Lo hace con fundamento».

Agredecido por su labor, el gobierno mexicano ha galardonado a Kennedy con el Águila Azteca, el honor más grande que se puede otorgar a un extranjero. *Cocina esencial de México*, que recopila tres de sus libros previamente publicados en inglés, fue publicado en español en 2004 por Plaza y Janés.

Sin embargo, entre sus amigos y colegas, Kennedy tiene fama de ser un demonio en los restaurantes. Ella misma cuenta que, recientemente, en un lugar en la Zona Rosa, le dijo al mesero que el chef debía volver a la escuela. Aunque vive en un rancho ecológico cerca de Zitácuaro, Michoacán, viaja al D.F. casi todos los meses, para hacer negocios, ir de compras o visitar gente. Le gusta probar las novedades restauranteras, aunque prefiere ir a los que sirven algo aparte de la cocina nacional. «En ellos soy un estorbo para mis acompañantes», explica. «Siempre digo que puedo hacerlo todo mejor en la casa».

En su viaje más reciente a la ciudad, la invitamos a desayunar, comer y cenar, en lugares tradicionales y de moda. Ella nos dio sus opiniones sobre ellos, otros más y el estado en general de los restaurantes aquí. No se censuró lo más mínimo, aunque al final decía, con una sonrisa: «No me van a dejar volver a estos lugares nunca jamás».

Si Kennedy tiene los modos tajantes de una institutriz de su país natal, también muestra un sentido del humor encantador que suaviza sus comentarios más ásperos. Sus palabras duras siempre son dichas con la sonrisa pícara de una niña atrevida. Aunque en los restaurantes casi ningún bocado llega a su estándar, un acompañante tiene la impresión de que ella se divierte a plenitud en su labor de desconstruir los sabores, texturas y colores de cada plato.

Además, reserva sus declaraciones más fuertes para sí misma. «Cuando me quejo a los meseros, no me hacen caso», cuenta con un suspiro. «Creen que soy una *old sourpuss* (una vieja cara de chile en vinagre)».

Después de comer con ella, uno nunca verá el panorama restaurantero del D.F. con los mismos ojos que antes. Kennedy tiende a cambiar vidas. «Una mujer capaz de sentir una pasión como la que ella siente por todo —la vida, el amor, los hombres, la comida— es digna de admirar. E imitar», dice Laura Emilia Pacheco, que ha traducido varios de sus libros al español. «Diana es la clase de persona que le demuestra a uno que la única manera en que vale la pena vivir es dedicándonos en cuerpo y alma a lo que nos gusta, nos apasiona, nos interesa. Cualquier otra cosa no tiene sentido».

A desayunar

Kennedy llega al desayuno en La Flor de Lis, en la colonia Condesa, vestida tan informal como elegante: chamarra de cuero color café, pantalón y camisa negros, y una bufanda de seda que le hace lucir como una mujer piloto de los años veinte. El viento azota ligeramente su cabello y trae un poco de lápiz de labios. Parece completamente cómoda con su *look* y su cuerpo. Tiene tanto entusiasmo y energía que uno olvida rápidamente sus décadas (ha vivido siete u ocho; sus amigos advierten que el tema de la edad es tabú).

Empezamos con un plato de melón y papaya. Kennedy mastica las dos frutas con una concentración intensa. «Muy buena, bien madura», dice. «El melón es delicioso, muy dulce. Muchas veces los restaurantes sirven los melones del norte, donde los cultivan con tanto fertilizante que ya no son dulces. Los mejores melones son pequeños y manchados, pero ahora los hacen crecer con la mentalidad de Estados Unidos. Todo sale con apariencia perfecta, pero sin sabor».

«No importa lo fino que sea el restaurante», comenta, «normalmente la fruta sabe a cebolla. La cortan con el mismo cuchillo. Aquí no, es deliciosa».

Una taza de atole de fresa es «terriblemente dulce. Extraordinariamente dulce». Con ojos traviesos, agrega: «Intensamente dulce. Está bien si quieres tu atole hecho con Maizena».

Le gusta más el capuchino, sólo un poquito. «No está mal pero los italianos se reirían. El café es mejor que en algunos lugares. No lo llamaría capuchino. Diría que es una bebida de leche reconfortante. Pero no te va a despertar en la mañana».

Al consultar la lista de tamales en la carta, se pregunta: «¿Qué pedimos? ¿Tamales vegetarianos? Al diablo con ellos. No tendrán manteca y no como tamales sin manteca». Lamenta que no haya un solo tamal con carne de puerco. Otra vez echa la culpa a la influencia gringa. «En Estados Unidos se han vuelto muy tontos con respecto a la grasa. Hay que leer el libro *Good Fats* [*Grasas buenas*]. La autora, Fran McCullough, destruye la teoría de que todo debe ser bajo en grasas y calorías. No es cierto».

Pide varios tamales. Al llegar a la mesa, Kennedy le dice al mesero en tono reprobatorio: «Espero que no los hayan calentado en el microondas. Los seca terriblemente».

Después de saborear un tamal de pollo con mole envuelto en hoja de plátano, afirma: «No está mal». Viniendo de su boca suena como un cumplido enorme. «La masa es buena. En la carta dicen que es un tamal costeño. No tiene nada que ver con lo que comerías en la costa, pero está bien».

El tamal de pollo con salsa verde, al contrario, «no es muy interesante». El mejor de todos es el de queso con rajas. «Muy bien, una textura muy buena con un relleno generoso. Son más ligeros por la hoja de maíz. El queso y las rajas lo mantienen húmedo».

Casi se asfixia con un ataque de tos después de probar el tamal norteño. «No hay nada aquí», dice. «Totalmente aburrido. No vale la pena. Supongo que este color rojo es de algún chile, pero me pregunto si podría ser colorante. ¿Y dónde está la carne? Si tienes que buscarla es muy triste. Allá está, picada. Nunca uses carne molida en un tamal norteño. O usas cabeza de puerco o frijoles».

Cuando el mesero vuelve, declara: «¡Qué barbaro! ¡Los tamales norteños son un desastre!». En ese momento reclama que los puede hacer mil veces mejor en su casa. Sin perder una gota de su aplomo, él contesta: «Qué raro. Se venden muy bien».

Después de que él se retira, Kennedy explica: «Hay que decirle algo al mesero cuando no te gusta la comida. De una manera u otra el mensaje le llega al chef».

A comer

Kennedy dice que su aprecio por la comida empezó durante su niñez. Aunque viene de una familia de pocos recursos, su madre era un genio en la cocina. «Los sábados ella hacía pasteles y postres para toda la semana. También hacía mermeladas de las frutas de la temporada. El pescado era tan abundante y barato [en esa época] que a veces lo comíamos tres veces al día».

En 1955, de vacaciones en la isla de Jamaica, Kennedy decidió pasar por Haití. Coincidió con una revolución que hizo el viaje poco conveniente, pero en el aeropuerto conoció al hombre que sería su marido dos años después: Paul P. Kennedy, un corresponsal extranjero que cubría México, Centroamérica y el Caribe para el *New York Times*. Ella se animó a escribir libros de cocina por sugerencia de Craig Claiborne, un colega de su marido, que editaba la sección de comida del periódico.

La Ciudad de México ha cambiado mucho desde que ella vivió aquí durante los años cincuenta, sesenta y setenta. En el taxi, camino a Tierra de Vinos, donde vamos a comer, Kennedy ve con consternación la multitud de letreros y carteles en plena calle. «Son intrusivos», dice. «Pasmantes. Hay un cuento de J.G. Ballard sobre un señor que se vuelve loco por ver tantos anuncios».

Casi chocamos con otro coche. «El tráfico siempre fue un lío. Los mexicanos son choferes expertos, pero tienen modales vergonzosos al volante», comenta. «Los peores son los adinerados, y los choferes que llevan a los niños a la escuela. En provincia, cuando vemos placas del D.F., "¡aguas!"».

Se siente emocionada y halagada al ver sus libros traducidos en su país adoptivo. «Algunos mexicanos me han dicho que los míos son los únicos libros de cocina fiables». Cuando llega a un pueblo, Kennedy suele ir al mercado, o hasta la presidencia municipal, a preguntar quién cocina bien por allí. Nunca ha publicado una receta que ella haya creado. En los libros, Kennedy siempre da crédito a las señoras que le han enseñado sus recetas.

Recuerda sólo a una persona que le haya negado información: «Olga Tamayo. Supuestamente era famosa por su mole amarillo, pero no me hizo caso. Sospecho que la receta en realidad era de su hermana y no de ella».

Sus libros suelen recibir elogios extravagantes. Si hay alguna crítica, es por ser demasiado estricta. No acepta sustituciones: si dice que un plato lleva chile pasilla, ningún otro de los más de doscientos chiles disponibles en México servirían. «Por supuesto», dice. «No es correcto sustituir los chiles. Quiero transmitir lo que la receta debe ser. Mis libros son para los aficionados que estudian cocina, no para los que sólo quieren recetas que se pueden preparar rápidamente. Mucha gente que cocina suele ser perezosa. Un aficionado encuentra cualquier ingrediente y lo mantiene en su despensa».

Al entrar al restaurante español Tierra de Vinos, Kennedy se anima. Le encanta la decoración, la barra larga, la iluminación tenue y las botellas de vino que rodean el espacio. «Este lugar podría ser uno adonde vuelva seguido», comenta. Agrega que es una lástima que la música esté puesta a todo volumen.

«¿Por qué ponen queso de cabra en todo?», pregunta retóricamente mientras revisa el menú. «El pan es sabroso. Es lo que debe ser. Particularmente, la chapata». Lo acompaña una salsa de almendras, jitomates secos y aceite de chile que también le agrada.

Una vez que se sirve la comida, su entusiasmo baja. Una tabla de embutidos con falta de frescura. Ella cree que el jamón serrano fue rebanado hace horas, si no días. «El chorizo está rico, pero el fuet no es muy bueno. Tampoco la cecina». Le gustan los pimientos piquillo, pero el relleno de butifarra «no es muy interesante». Los boquerones están ricos, aunque «probablemente son de lata. A los españoles les gusta todo en lata».

Pide un plato del día, una *lasagna* rellena con cangrejo. «Es placentero pero no emocionante. La pasta es buena, pero el relleno... ». Hace una mueca. «En uno de mis libros tengo un salpicón de jaiba con cilantro y chile. Pero por supuesto no es español».

El plato más exitoso según Kennedy es una «ensalada de jitomate de diferentes versiones». Contiene tiritas de jitomate marinadas, jitomates *cherry* y jitomates secos. El aderezo parece tener aceite, vinagre y jitomates secos. Nada es perfecto. Ella explica que la ensalada no está suficientemente mezclada; así, hay partes sin aderezo. A pesar de sus quejas, califica el plato como «innovador».

Tarda en decidir qué quiere para el postre. Cuando menciono que el mesero nos puede sugerir algo, ella dice: «No me interesan las recomendaciones de otra gente». Escoge una tartaleta de hojaldre con crema y «frutas del bosque». Las frutas resultan ser dos o tres zarzamoras y dos o tres rebanadas finas de fresa. «Me hubiera gustado más fruta», comenta Kennedy. «Y hay demasiada crema. Y demasiada nieve». (La «nieve» es un montón de azúcar glass.) «Me imagino que el hojaldre viene de El Globo. Es competente».

Al terminar ofrece lo que es quizás su cumplido más extravagante: «Volvería».

A cenar

Kennedy cree que, en gran medida, los chilangos tienen la culpa de la falta de cuidado en los restaurantes de su ciudad. «Lo siento», comenta, «pero no hay muchos paladares cultivados aquí». No cree que la situación vaya a cambiar «hasta que la gente aprenda a saborear la comida y no sólo a tragarla. Los mexicanos no son como los franceses. Con pocas excepciones, no salen a comer con seriedad. Salen para divertirse, en busca de sensaciones, para estar con sus amigos. Si creen que han comido mal no quieren arruinar la noche diciendo algo en contra».

Antes de cenar en el restaurante de cocina «*nouvelle* mexicana» Águila y Sol, Kennedy cuenta: «Normalmente no como así. Me vas a hacer engordar. Suelo cenar muy ligero: un poco de pan y queso o algo así. Tengo que cuidar la línea. Tengo esta pancita por estar parada ante la estufa toda la vida. Así es mi forma; todo sale de enfrente».

(Cabe decir que tiene un cuerpo que ya quisieran muchas mujeres bastante más jóvenes que ella. Y lo cuida como una joven. Antes de posar para una sesión fotográfica, comentaba: «Las mujeres de mi edad son más o menos invisibles. Pasamos y nadie nos ve». Al fotógrafo, le dijo: «Estoy lista, no importa si no está lista mi cara. Sin demasiada luz, es muy temprano. ¿Cómo se ve mi cabello? Compré este collar ayer. ¿Quiere que cambie la bufanda?».)

Al sentarse y observar la decoración de Águila y Sol, pregunta: «¿Es un poco afectada, no?». Un mesero joven, guapo y sumamente profesional le ofrece una copa de Ribera del Duero español o un Merlot mexicano. Después de probar los dos, Kennedy escoge el español. Al revisar la carta, dice: «Nada de amarillo. Estoy preparando un libro de comida oaxaqueña». La carta provoca desconfianza. «Es demasiado grande. No todo puede ser fresco».

Empezamos con un entremés que se llama «huazontle con queso de cabra en costra de parmesano con chile pasilla». No le impresiona: «Demasiado queso. Es demasiado fuerte para el huazontle. ¡Ridículo! Si pones huazontle en la carta lo tienes que saborear. Y es un poco grasoso, ¿verdad?». Un «tambor de pulpo al orégano con tostada de maíz» no le agrada mucho más. «Es demasiado confuso. El pulpo mismo es delicioso, pero los otros sabores compiten».

Los panecitos rellenos de queso, mole, rajas o frijoles, le provocan ira. «¡Todos estos sabores compiten con los platos! El concepto esencial del pan es que debe ser neutral».

Un plato fuerte de «salmón en costra de maíz con almejas y esquites al epazote de chile de árbol» está, en primer lugar, más cocido que el término medio que ella pidió. Peor aún, hay «demasiada, pero demasiada, salsa. Es una buena idea, con la crema y los esquites. Me gusta una salsa cremosa con el salmón, pero hubiera preferido algo un poco más cítrico. Es rebuscado».

Con un «filete de res en salsa de chipotle y queso añejo» vamos de Guatemala a Guatepeor. «La carne está rica, pero en la salsa hay demasiada crema, demasiado queso. ¿Y por qué ponen tanto chipotle en el puré de papa? Si tienes el chipotle en la salsa de la carne, ¿por qué no dejas las papas en paz?». El mesero trae tortillas de sabores para acompañar. Una tortilla de sabor, para Kennedy, es un crimen aún más grave que el pan relleno. «¡Es absurdo! ¡Es irritante!».

Al terminar la cena, Kennedy comenta que Daniel, el mesero atractivo del servicio impecable, fue «el número uno» de la experiencia. «Él merece cuatro estrellas». Pero comenta que la comida es «de un amateur, poco serio. Demasiados sabores, demasiados ingredientes. ¿Cuál es *la raison d'être*?»

Uno de los problemas más fuertes en los restaurantes del D.F., dice Kennedy, es la falta de consistencia. En muchos restaurantes uno tiene que saber qué pedir: un plato saldrá bien mientras otro saldrá mal, o el mismo plato que era delicioso el lunes sabe a rayos el miércoles siguiente. «La tentación de los chefs famosos es andar de viaje por todo el mundo y aparecer en eventos», dice Kennedy. «No llevan el control de sus restaurantes. Tienen un *chef de cuisine* encargado, pero no siempre está al tanto».

Después de tantos alimentos, Kennedy, a pesar de sus décadas, está llena de energía. Dice que sólo los demás la hacen sentir vieja. «Me dicen: "Cuidado con la escalera". O no pueden creer que maneje a Oaxaca sola. Les pregunto: "¿Crees que soy demasiado vieja para manejar?" Puedo ser bastante agresiva cuando quiero».

«A veces los meseros no me hacen caso. Me creen una vieja cabrona». Ella se ríe. «No importa. Si eres fastidiosa vas a molestar a alguien».

LA CENTRAL DE ABASTOS: EL PURGATORIO ALIMENTICIO

A las seis de la mañana, los pasillos de la Central de Abastos están más atascados que el Periférico en hora pico. Y son aún más peligrosos. Detrás de uno anda un ejército de cargadores casi corriendo, arrastrando sus «diablitos» con docenas de cajas de frutas y verduras amontonadas encima. Cuando quieren pasar o sencillamente señalar su presencia, suelen chiflar.

El coro de los silbidos y el temblor de los diablitos pasando por el concreto dan una ligera sensación de paranoia. Podía imaginar el título en la primera plana de *La Prensa*: «PERIODISTA APLASTADO POR DIABLERO» o «¡CEBOLLAZO MORTAL!».

No es puro melodrama. Pregunté a un policía que trabaja en la Central si alguna vez había sido testigo de un accidente entre los cargadores. Sonrió. «Muchos», me dijo. «Andan muy rápido y se estrellan. Se revientan la cara».

Aunque siempre pasa algo en la Central de Abastos, la madrugada es la hora más fuerte, cuando miles de camiones se estacionan allí para descargar su mercancía y negociar con los intermediarios que luego venden a los mercados, los tianguis y los restaurantes. Se mueven entre dieciocho mil y veintitres mil toneladas de alimentos diarias.

Pasar por el laberinto de sus pasillos a estas horas da la sensación de un purgatorio gastronómico. Estás en un inframundo lejos de las granjas, los mares, los ranchos y los criaderos de donde provienen los comestibles, pero tampoco estás cerca de la mesa donde vas a comerlos con calma. La Central parece un mundo entre Tenochtitlán y *Blade Runner* —el pasado con una clase de esclavos cargando las piedras de las pirámides en la espalda y un futuro caótico en que la comida es cuestión no sólo de dinero sino de vida o muerte—.

Multitudes descontroladas de plátanos, mangos, papayas, melones, costales de tela llenos de todo tipo de chiles. El zumbido constante de los vendedores:

«Precio, precio...» «Que le lleve...» «Lo bueno se vende aparte...» «¿Cuánto quedamos?»

Y los letreros con puras exclamaciones: «¡Mírame!» «¡Anímese!» «¡Aproveche!» «¡No lo piense!» «¿Cómo no?» Y mi favorito: «¿Cuál méndiga crisis?».

*

Me encanta comprar en los mercados. Pero como extranjero en la Ciudad de México aprendí rápido que los que operan los locales suelen tener una orientación política socialista. A veces, cuando ven mi cara o escuchan mi acento se imaginan que puedo pagar más que los otros clientes y que su deber es distribuir la riqueza mundial de una manera más equitativa. Por lo menos hacia sus propios bolsillos.

Justo el otro día, en el mercado que está más cerca de mi casa, le pregunté a un vendedor en cuánto estaba el jitomate. Me dijo que a treinta y cuatro pesos el kilo. Lo más que había pagado anteriormente era dieciocho.

—¿Cómo puede ser? —le dije.

—Es que es temporada de lluvias, güerito. Todo le sale más caro. Es el precio normal.

—Espérame tantito —le dije. Pasé a otro puesto a la vuelta donde me cobraron quince.

Hasta sin el valor agregado, México cada vez se vuelve una ciudad más cara. Entonces, cuando oí que en la Central de Abastos venden a precio de mayoreo, me pareció un viaje que valdría la pena.

*

Resulta que los precios son de mayoreo porque principalmente venden al mayoreo. «Cómo creeeeeeeee, güero?», me preguntó un vendedor cuando le pedí un kilo de mango. «Sólo vendo las cajas. A buen precio. Ésta le sale en dos».

—¿¿¿¡¡¡Dos pesos por toda la caja!!!???

—¿Cómo creeeeeeeeee? Doscientos.

Me ofrecieron papas de alta calidad del estado de Saltillo por el excelente precio de tres pesos el kilo. El único problema es que hubiera tenido que comprar un bulto de sesenta kilos. Me fascinan las papas, pero después de comer sesenta kilos me saldrían por las orejas. En la Central, una caja entera de jitomate (como la que mi amigo me quería vender a treinta y cuatro el kilo) me hubiera salido a ciento diez. Una caja de melón a sesenta, de los mismos melones que cuestan quince pesos cada uno en el mercado cerca de mi casa. Pero una persona no puede comer una cantidad infinita de melón sin que le entren ganas de matar a alguien.

Según su sitio de Internet, la Central es el mercado más grande del mundo. Cubre más de trescientas hectáreas de espacio. Hay setenta mil empleos directos y unos trescientos cincuenta ciudadanos que lo visitan para hacer sus compras cada día. Entre sus vastos pasillos hay algunos vendedores que sí venden al menudeo. Como mis cuates del aguacate, un par de hermanos que tenían aspecto de integrantes de una banda norteña.

—Sí, señor. Vendemos a los restaurantes, a los del tianguis y a las ñoras que quieran. Vendemos a diecisiete, quince y diez el kilo. Los de a diez ya están listos para el guacamole.

Después de recorrer varios pasillos, un sinnúmero de vendedores me avisaron que si quería comprar al menudeo tendría que pasar por el pasillo I-J. Allí, en efecto, hay venta al menoreo a precios más bajos que en los mercados. Uvas verdes sin semilla a diez pesos el kilo, el mango manila (¡cien por cien chingón!, según el letrero) a dos kilos por diez pesos, la zanahoria a dos, las naranjas a treinta y cinco por treinta y seis. ¿O fueron treinta y seis por treinta y cinco?

Allí un vendedor me explicó algunas trampas de la Central que un comprador listo puede evitar. Algunos comerciantes con pocos escrúpulos ponen la buena fruta encima de la mala e intentan vender una con la otra. La fruta se vende según tamaño, mezclan las piezas pequeñas con las grandes y luego venden todo al precio de las grandes. Otros tienen balances con agujas que bailan solas. Ojo.

*

Revisar tanta comida da hambre; además, los que venden comida también tienen que comer. Hay puestos de todo tipo en la Central: tacos de carnitas, de barbacoa y de guisado, al pastor y al carbón. Pozole y pancita, caldos y birria. Las mujeres andan con carritos de supermercado llenos de atole, pan dulce y tortas de tamal. Buscando algo del mar encontré la parte de la Central donde venden pescados y mariscos, ubicada enfrente de las frutas y verduras.

Ya eran alrededor de las nueve de la mañana y el tráfico dentro del mercado había bajado. «Cuanto más tarde, menos gente», me explicó un vendedor de huauchinango seco.

—¿Qué hace la gente con el huauchinango seco? —le pregunté.

—Toda la gente que es de Tlaxcala, Morelos y del Estado de México lo capea y lo guisa en chile pasilla —me dijo.

Los camarones, pulpos y ostiones que le encantan a los comensales en sus marisquerías preferidas probablemente son comprados, ya abiertos o cocinados, allí en la Central. Bolsas enormes de plástico, llenas de ostiones, a ciento diez pesos. Camarones cocinados a cien pesos el kilo, pulpo a veinte. Están disponibles crudas la sierra, la lisa y la mojarra. Y dentro de un camión lleno de hielo, unos pescados verdaderamente gigantescos, partidos a la mitad, que no pude identificar.

—Es tiburón de Chiapas —me dijo un vendedor—. Este filetito pesa cuarenta kilos.

—¿Y las aletas? Había oído que los chinos, que hacen una sopa de aletas de tiburón que creen una delicia, las compran en la Central.

—No, güerito —me dijo—. Llegaron de Chiapas sin aletas.

Otro vendedor cercano, en silla de ruedas, gritaba: «Chepe, chepe ¿a cuántos?»

*

Hacia las diez o las once de la mañana la Central pierde buena parte de su aspecto siniestro y caótico. Con mucha menos gente y mucha más calma, pude tomar nota de la mayor idiosincrasia arquitectónica del lugar. La Central es elevada y está construida en forma de cuadrícula. Entre (y debajo) de los pasillos hay un amplio espacio al aire libre para los camiones y tráilers inmensos que tienen que estacionarse, descargar y cargar la mercancía. Pero cuando Abraham Zabludovsky diseñó la Central a principios de los años ochenta, evidentemente pensó sólo en los camioneros y no en los cargadores.

Dentro de la Central, por los pasillos, hay un número infinito de colinas. Los pobres diablos de los diableros, sus diablitos ya cargados con cajas pesadas, tienen que subir y bajar toda colina. Es un trabajo brutal, de burros, que puede fácilmente romper la espalda. Según un periodista y un policía, algunos han muerto en el trabajo. Les pregunté a un par cómo funciona su oficio.

Todos trabajan para un tal El Chino, a quien pagan doce pesos al día por rentar un diablito. Negocian con el cliente el precio de la chamba. «Yo cobro entre dos pesos y cuatro pesos la caja», me explicó uno. «Depende del tamaño de las cajas y lo lejos que las tenga que cargar».

—¿Quién es El Chino? ¿Cómo se agenció el negocio?

—Ufff. Pues, debe de tener un cuate superimportante.

*

También en la Central hay una sección larga de abarrotes. En cierto pasillo, edecanes regordetas ofrecen probaditas de productos dudosos: jamón marca Quiensabequé. Un polvo dulce que se llama Quizz, al que uno agrega agua para hacer una bebida con un sabor horripilante. Una ensalada rusa hecha con cantidades industriales de mayonesa. El Jamón Virginia Zwan sale a treinta y seis pesos el kilo, el pavo a cincuenta y tres. Un payaso se paró junto a una máquina de burbujas que anunciaba queso panela marca Abuelo.

Me di cuenta de que en la casa me hacía falta atún enlatado. Mi marca preferida es Herdez.

—No, güerito, no lo trabajamos, pero tengo Dolores en dos cuarenta la lata.

Por fin encontré atún Herdez. En cajas de cuarenta y ocho latas a trescientos nueve pesos. Algo para acompañar los sesenta kilos de papa.

*

Había recorrido las trescientas hectáreas varias veces y había estado de pie siete horas. Tenía la sensación de haber recorrido no sólo toda una ciudad sino todo un mundo. Según fuentes de la Central, cada año hay ventas de alrededor de ocho mil millones de dólares. Emile Zola hubiera podido escribir una gran novela allí.

Tomé asiento en un puesto y pedí un café. Cerré los ojos y traté de pensar en los momentos más memorables. Un cargador que debe tener setenta años, sudando y siguiendo las órdenes de una señora. Una vendedora de papaya, en forma de papaya, bailando cumbia mientras trabajaba. Los letreros por todas partes anunciando un hotel en Acapulco a ciento noventa y ocho pesos la noche. Los policías cuidando los bancos (todos los bancos mexicanos tienen sucursal en la Central). Y los olores más fuertes: guayaba, chile de árbol, cebolla, tierra.

Hay una frase hecha que dice: «Eres lo que comes». Si es cierto, creo que preferimos identificarnos con los mercados locales, con sus transas y todo, chapados a la antigua, inocentes, hasta dulces. Son la cáscara bonita de la comida que somos. Mientras la Central de Abastos representa las entrañas feas, los jugos gástricos corriendo por las tripas, la digestión del intestino grueso. No sé cuándo voy a volver, pero tenía que visitarla una vez.

LA FARÁNDULA

SECRETOS DE LA REVISTA *ÓOORALE!*

¡Viva Zapata!

Una noche lluviosa, las reporteras Liliana López y Xiomara Santana hacían guardia afuera del Auditorio Nacional, observando la pasarela de los que llegaban para la muy postergada *première* de la película *Zapata*.

Pisaron la alfombra roja el director Alfonso Arau y las estrellas del elenco, Alejandro Fernández, Lucero y Jaime Camil. Varios sujetos curiosos del espectáculo mexicano hicieron acto de presencia, incluyendo Irma Serrano *La Tigresa*, acompañada del productor Juan Osorio. También estaban las actrices Joana Benedeck, Érika Buenfil y Carmen Salinas.

López y Santana, que escriben para la revista *Óoorale!*, llegaron armadas con la lista de preguntas que suelen hacer a la gente de la farándula: *¿Cómo te gusta hacer el amor? ¿Es cierto que eres alcohólico? ¿Qué haces con tu pareja en la cama? ¿Importa el tamaño? ¿Te han pedido las nalgas para darte un papel en la televisión? ¿Qué gritas cuando tienes un orgasmo?*

Pero el evento resultó lo que ellas llaman «un chacaleo»: el montón de reporteros bien separados de las estrellas. No podían hacer entrevistas ni gritar preguntas.

A pesar del trato impersonal, la cobertura de *Zapata* en la revista fue amplia. Primero, salió lo que Santana llama «una nota de color», describiendo los sucesos de la noche. Por decir lo menos, el texto era *senocéntrico*. Comentaron de «la pechuga» de *La Tigresa*, bien expuesta a pesar del clima frío, además de los pezones de las otras asistentes que «se despertaban para saludar al público». Publicaron una foto de la compañera de Jaime Camil, en un vestido minúsculo, delgado y transparente. Para los lectores desafortunados que no sepan encontrar el pezón, el diseñador gráfico hizo el favor de agregar una flecha amarilla apuntando al sitio indicado.

También salió una breve nota que especulaba sobre cómo se vería el trasero de Alejandro Fernández, si esta parte de su cuerpo hubiera salido en una escena de amor en *Zapata*, en lugar de la de su doble. Como puntos de comparación, publicaron fotos de las nalgas velludas de Ari Telch, las pelonas de Jorge Poza y las «lisas y rosadas» de un mandril.

Pero el golpe maestro de las reporteras fue una entrevista con el vidente Paco Segovia (que escribe una columna semanal en *Óoorale!*, aconsejando qué hierbas y ungüentos pueden ayudar a los lectores a encontrar su suerte económica, hacer volver a un marido errante o romper una brujería). El título de la portada era: «¡FRACASA "ZAPATA"! ¡LA MALDICIÓN DE LUCERO LA PERSIGUE!». Según Segovia, la mala suerte de la cantante «contaminó el ambiente de la filmación». Sus problemas económicos, laborales y sentimentales la van a seguir «un buen rato», prevé el adivino. Pero si todos los asistentes de la película van a donde rodaron y piden perdón a los espíritus, la mala vibra se puede acabar.

Eso que llamamos un pedito, con cualquier otro nombre no perdería su aroma

El mundo de los espectáculos en México ha degenerado al grado de que una persona sin el más mínimo talento se puede hacer famosa por nada más que desnudarse en la tele, mientras está encerrada en una casa durante unas cuantas semanas. Dada esta situación absurda, *Óoorale!* es el único medio que trata al ambiente con el respeto que merece. Los títulos de la portada cuentan toda la historia:

¡CHABELA MADOW SE CASA CON LAS NALGAS AL AIRE! LORENA HERRERA: «¡SOY SUCIA EN LA CAMA!». ¡SERGIO ANDRADE LA TIENE CHIQUITA! ANDRÉS GARCÍA ENTRA A BIG BROTHER, ¡Y LLEVA SU BOMBITA! NACHA PLUS: «¡TENGO VOZ DE PITO, SÓLO ME VEN POR MIS

NALGAS!». ¡COMO LA TIGRESA, LYN MAY CONGELÓ SEMEN EN SU REFRI, PERO SE ECHÓ A PERDER PORQUE SE FUE LA LUZ! ¡EL NUEVO ROSTRO DE PATY MUÑOZ! —(acompañado de una foto de su trasero desnudo)— «¡ME ENCUERO PERO NO SOY PROSTITUTA!».

Los otros medios que hablan de la farándula suelen hacerlo con una seriedad abrumadora. Cuando la *vedette* cubana Niurka se casó con Bobby Larios, un galán de dudosa procedencia, la revista *TVnotas* dedicó más de veinticinco páginas al evento, como si fuera la boda real de España. Mientras, *Óoorale!* informó a sus lectores que el vestido matrimonial «costó tres pesos» (según una «prestigiada diseñadora»).

«La diferencia entre nosotros y los demás es el lenguaje», dice David Estrada, el jovial editor de la revista. «Los otros están escritos como si estuvieran hechos para españoles o quizás alemanes. A Matilde Obregón [editora de *TVnotas*] y Chucho Gallegos [editor de *TV y novelas*] los ves como parte del espectáculo. Queremos ser parte del pueblo. Nos ponemos al lado del lector. Escribimos como se habla en la calle —en puro caló mexicano—.

«El mundo del espectáculo en México es un *show*», continúa. «La gente ve a los artistas como grandes héroes, gente hermosa que puede hacer todo, la antítesis de la fealdad. La gente los ve arriba, en las nubes, a lo lejos. Los bajamos, los ponemos en su lugar con nosotros. Si a Verónica Castro se le sale un flato, lo voy a publicar. Y utilizo el lenguaje de la *banda* mexicana. No voy a poner que ella "expulsó una flatulencia". Voy a poner que "se le escapó un pedito"».

Las funciones corporales de los integrantes de la casa de *Big Brother* fueron un tema recurrente en *Óoorale!*, tanto su manera de bañarse como los comentarios amargados de los expulsados del programa. Las portadas con notas sobre el *show* se vendieron tan bien que a veces las reporteras tuvieron que sacarse de la manga nuevos enfoques del tema.

Por ejemplo, cuando Xiomara Santana vio a Carlos Monsiváis en un homenaje a Nancy Cárdenas, se acercó al escritor para pedirle su opinión sobre el programa. El resultado fue un artículo titulado «¡EL SABIO MONSIVÁIS ESTALLA!: "¡EN BIG BROTHER SON PURAS CHICHIS Y NALGAS!"». El texto estaba acompañado por fotos de algunas participantes del *show*, con flechas rojas ayudando al lector a localizar sus «chichis» y «nalgas». En la nota, el «escritor e intelectual» opinaba que los integrantes «no tienen el nivel neuronal básico» ni «más que un cacahuate en la cabeza».

Óoorale!, que tiene sus oficinas en la colonia Escandón, salió a la luz en octubre de 2000. Forma parte del grupo Consorcio de Espectáculos Editorial, que también publica *TV y Más*, *Mi Guía*, *Más TV* y, sorprendentemente, la edición mexicana de *Newsweek*. Con un tiraje de aproximadamente ciento sesenta mil ejemplares cada semana, *Óoorale!* es el *bestseller*. La mitad del tiraje se vende en el D.F., y lo demás se divide entre la provincia y ciudades estadounidenses con grandes poblaciones mexicanas. Con orgullo, Estrada comenta que la redacción recibe cartas de lectores encarcelados en prisiones al otro lado, donde ni hay circulación de la revista. «Las familias deben de mandárselas. Te sorprende la penetración». Más vale evitar los posibles albures de la penetración con Estrada.

Temas y variaciones

Un lector asiduo de *Óoorale!* se da cuenta de que, además de *Big Brother*, hay ciertos temas que se repiten *ad infinitum*. Quizás el elemento más fascinante sea cuando los círculos son concéntricos. Un estudio de números recientes revela algunas de sus manías:

* *Alcoholismo femenino*. En las últimas semanas salieron ciertas notas casi idénticas:

¡A CARMEN CAMPUZANO LA POLICÍA LA DETUVO POR BORRACHA!

ADRIANA FONSECA: «¡NO SOY ALCOHÓLICA, SÓLO HE TENIDO MIS BORRACHERAS!»

KENYA GASCÓN: «¡PREFIERO QUE ME DIGAN GAY A QUE ME DIGAN ALCOHÓLICA!»

Con una dosis sobresaliente de compasión, reportaron: «¡EL ALCOHOLISMO DE ITATÍ SE ACABÓ SU MATRIMONIO!», mientras «¡A LAURA LEÓN LE ENCANTA ECHARSE SUS CHELAS EN PLENA CALLE!». La fuente de la última nota fue una vendedora del bazar de Lomas Verdes, que vio a la cantante comiendo en un puesto y bebiendo una michelada. Para decepción de los lectores, León no andaba en estado de ebriedad, aunque sí «bebía como si el barril estuviera a punto de acabarse».

Ni hablar de «¡BARBIE SE HA VUELTO ALCOHÓLICA Y ESTÁ DEPRIMIDA!».

* *El universo gay-lésbico*. El título «¡SALMA HAYEK LESBIANOTA!» venía acompañado, en letra mucho más chica, de «¡*En su papel de la película Frida*!». En un solo número de la revista publicaron las dos notas «¡RAQUEL TIENE CARA DE LESBIANA!» y «¡RICKY MARTIN PARECE GAY!». *El Púas* Olivares confesó a *Óoorale!*: «¡DEBO RECONOCER QUE TUVE MUCHAS MUJERES, Y HOMBRES TAMBIÉN!».

El título «¡EL BESOTE DE BOSÉ Y ALEJANDRO FERNÁNDEZ!» fue ilustrado con una foto de los dos cantantes en pleno besuqueo, con el español vestido de Adelita, con trenzas. Se hizo con Photoshop y se trataba de un rumor de una supuesta fantasía de Bosé.

* *Dios misericordioso*. Aunque *Óoorale!* no es de índole religiosa, varios integrantes de su mundo resultan piadosos. En una nota que salió la semana posterior al reportaje de los vínculos entre el divorcio y el alcoholismo de Itatí Cantoral, preguntaron a la actriz si preveía otro romance en su futuro. «Dios dirá qué pasará», contestó.

Después de una aventura con Arleth Pacheco, Gerardo Peirano explicó que volvió con su esposa porque «Dios me habló y me dijo que iba mal». Lorena Tassinara recibió unos balazos de un asaltante y supuestamente «murió», pero dice: «Hablé con Dios, que me dijo que tenía que volver para cumplir mi misión». En la misma nota en que confesó su bisexualidad, *El Púas* asegura que esta etapa se acabó «Ahora lo único que deseo es conocer personalmente a Jesuscristo».

Mientras, el mago David Copperfield asegura: «No tengo pacto con el diablo».

Sexo y pudor

Las reporteras de *Óoorale!* tienen cierta ambivalencia en cuanto a su chamba. Xiomara Santana no cree que la experiencia se vea impresionante en su currículum. A Liliana López le dio pena la primera vez que hizo las preguntas francas que son el sello distintivo del medio. Entrevistó a Víctor González, un actor de telenovelas que, según López, «era mentiroso o fantasioso. Entró en todos los detalles de lo que hizo con su novia». La segunda vez que le habló, el actor le preguntó a López si estaba enferma. «Es que me preguntas nada más de sexo», le dijo.

La insinuación de González no ha sido la única humillación sufrida por López. «Juan Osorio me colgó el teléfono», dice. «Laura Esquivel me decía, "a ustedes no les voy a dar nada, no quiero salir en tu revista"». Sasha Montenegro le gritó en el pasillo de una radiodifusora. «Me dije, trágame tierra», comenta López. Por otro lado, cuando le llamó a Niurka para preguntarle si se había acostado con Fidel Castro, la *vedette*, muerta de la risa, le aseguró que no y platicaron durante una hora.

El Flaco Ibañez llamó a Santana enfurecido después de que *Óoorale!* publicara una entrevista con él. Ella le preguntó si había conocido íntimamente a alguna de sus compañeras de trabajo. Su respuesta elegante fue: «No, hija, nunca he metido el pito en el trabajo», que por supuesto salió como título de la nota.

Si las cuatro reporteras de *Óoorale!* son todas bellas, la única que fue coronada Señorita Guerrero en el año 2000 fue Santana. Asegura que ningún galán de la farándula le ha tirado la onda, aunque Luis de Alba le confesó que se estaba volviendo gay, y le preguntó si ella le podía ayudar a superar la tendencia. «Jorge Salinas es muy besucón y muy coquetón», agrega.

Aparte de chismes, *Óoorale!* publica fotos de desnudos, caricaturas, chistes y una columna que se llama «Consultorio Sentimental». Ésta última publica cartas, supuestamente mandadas por lectores, sobre sus experiencias amorosas. Una vez más, los títulos explican lo necesario: «DEJAMOS EL ELEVADOR CON OLOR A SEXO», «UN INGENIERO ME LO HIZO EN LA OBRA», «ME TIRO A MI TÍA», «COMPARTÍ A MI NOVIA CON DOS GRINGOS». Todas las historias calientes terminan con un párrafo breve pidiendo algún consejo: qué hacer cuando una aventura se vuelve enamoramiento; las sospechas del engaño; las pruebas del engaño; la culpa después del engaño.

La columna está firmada por Gabriela del Rincón. La foto que acompaña al «Consultorio Sentimental» muestra a una rubia con ojos claros que se viste con suéter de cuello de tortuga y abrigo con solapa de piel, un atuendo más apropiado para Moscú que para México. «Es una chica equis que encontraron perdida por allí», dice Claudia Valdovinos, la verdadera autora. «La compraron de una agencia de fotos».

Aunque sea igual de hermosa que la mujer que aparece en la foto, Valdovinos se describe como «chaparra, morena y de cero exuberancia». No quería aparecer en la revista. «Me llegan mails con proposiciones de todo tipo. Me quieren hablar en los *chats*, en el *Messenger*». ¿Pero por qué no publicaron una foto de una mexicana? «Aquí les gustan las güeras con ojos azules», dice. «Desgraciadamente les gusta lo que no encuentran».

Valdovinos, que estudió teatro en la UNAM, dice que adoptar la personalidad de Gabriela del Rincón es como actuar en una obra. Estrada la eligió para el papel. «Él tiene buen ojo», dice. «Supongo que vio la parte cachonda de mi personalidad. El sexo es algo que me encanta».

Para los que leen entre líneas, lo más interesante de la columna no es el contenido casi pornográfico, sino la agenda escondida. «Sí, se busca educar», admite Valdovinos. «Se trata de sexo y de ser erótico. Pero se busca que la gente aprenda.

Hay muchos machos mexicanos que no saben seducir a una mujer. Hay muchas mujeres que nunca han tenido un orgasmo. Hay muchos hombres a los que no les interesa lo que siente una mujer.

»Tampoco es didáctico», explica. «A lo mejor dentro del relato hay infieles, hombres que engañan a la esposa o a la novia. El consejo es que recapaciten. Mejor que truenen o que rompan para que puedan vivir plenamente lo que son. Tampoco fomento la búsqueda de aventuras o la infidelidad. Pero los que lo hagan, que se cuiden».

Diversión por diez pesos

Estrada insiste en que nada en la revista es inventado: «Todas las notas tienen fuentes, todo es real». No importa si la fuente es el primo de la tía del amigo que una vez vendió una torta a Kate del Castillo, o por lo menos alguien que se le parecía. O, aún peor, un ex integrante de *Big Brother* que ve sus quince minutos de fama acabados y está dispuesto a decir cualquier bobada para no desaparecer del ojo público: que donó el esperma que embarazó a Irma Serrano, que Lorena Herrera es un hombre, o que Ana Bárbara se depila el vello púbico en forma de corazón.

Las leyes de libertad de expresión permiten que Estrada publique casi cualquier cosa. Su visión caricaturesca de la gente de la farándula recuerda lo que decía el monero David Levine, después de que alguien le comentó que la gente que él dibujaba siempre salía fea: «No tan fea como en la vida real».

En lo que es quizás el argumento más ingenuo o más descarado en la historia del periodismo, Estrada explica, «*Óoorale!* no es una revista morbosa. La persona que la lee lo es».

La verdad es que muchos en la ciudad tenemos un aguante sin fin para el morbo. *Óoorale!* es nuestra revista. Es la diversión más grande que uno puede comprar por diez pesos.

PARIS SEGÚN ANNIE

Hace algún tiempo, cualquier defeño sensato tuvo la sensación de que la ciudad había sido invadida por una güerita de Estados Unidos. Como el *Big Brother* —de George Orwell, no el de la televisión— su rostro (que la hace ver como la hija de Barbie y no como la heredera de la cadena hotelera más famosa del mundo) nos espiaba desde cada rincón: en carteles, en paredes, en paradas de autobús. La prensa nos informó sobre cada uno de sus movimientos, cada suspiro que exhaló. Mientras nos visitó, fue imposible evitarla.

—En serio —pregunta Annie Lask—. ¿Quieres saber la verdad sobre Paris Hilton?

—Pues, sí y no. Por un lado estamos hartos, y por otro, nos hemos vuelto *junkies* y necesitamos la dosis.

—Es un monstruo —dice Lask.

¿Y quién es Annie Lask? ¿Qué ha hecho para que tomemos en cuenta tal dictamen? Lask es la chilanga que probablemente se acercó más que cualquier otra a Hilton, mientras estuvo aquí promoviendo el perfume que lleva su nombre. Es estilista: a Lask le tocó arreglar a Hilton para varias portadas de revistas: *Caras, Cosmopolitan, Celebrity* y *Eres*. Nos ofreció la última palabra sobre la heredera y las primeras sobre sí misma.

—También soy un monstruo —dice—. Pero si soy mamona, Paris Hilton lo es cien veces más. Es como Annie Lask a la quinta potencia. Al principio, me chocó, pero luego, ¿sabes qué? Me cayó excelente.

Con amigos como Lask, Hilton no necesita enemigos. El primer contacto entre ellas fue en el sótano del hotel Condesa D.F., la mañana después de la llegada de la güera. Iban a hacer una sesión de fotos. «Llegó dos horas tarde porque estaba dormida», dice Lask.

—Bueno, Annie, llegaste a esta entrevista hora y media tarde.

—Discúlpame, sabes que es viernes de quincena, el tráfico desde Lomas… en fin, ella hizo un berrinche horrible porque no había música. A la hora de modelar, detuvo la producción dos horas más, hasta que encontraron una radio. Luego, no le gustó la música. A ella sólo le gustan Britney Spears, Madonna, Michael Jackson y el *hip hop*. Encontraron un CD de los dj's Chucky y Damián. No le gustó nada. Hizo cara de *fuchi-caca*. «No me gusta esta canción, ponme otra». Hubo que traer su iPod de la habitación.

En los días siguientes, hizo más pataletas.

—Se quejó de que los cosméticos de la maquillista no eran nuevos. Se quejó de los lentes de contacto: se le metió algo en el ojo y tuvimos que parar todo mientras buscaban gotas. Ella tiene extensiones de pelo y no le gusta que se lo toquen.

—Espérate, Annie. ¿No decías que te cayó «excelente»?

—Sí, güey. —Lask explica que a pesar de su temperamento, Hilton mostró un lado marginalmente humano—. Durante la sesión pidió un espejo de cuerpo entero para ver cada movimiento. Tiene ojos verdes, pero se pone lentes de contacto azules. Nunca he visto tal grado de inseguridad.

El contenido de la caja de joyas de Hilton provocó ternura en Lask: «Había algo de Louis Vuitton de diamantes, pero también brochecitos de *rhinestone* de la farmacia. También tenía lápices labiales muy caros y otros super comunes y corrientes».

«La Hilton es de carne y hueso» continúa. «¿No has visto el video? Está buenísimo. Lo puedes comprar por noventa y nueve pesos *all day* en Cablevisión. Hace un *blow job* durante horas, y luego el galán la voltea y lo hacen *doggie style*. Lo mejor es que luego suena el celular y ella se para y contesta. Él se enoja y le dice: "¿Qué onda?"».

Lask califica a Hilton como «gorda» y «fea», lo que indujo a este reportero a documentar que Lask, aunque divertida, aguda y encantadora, tiene cuerpo de osito de peluche, y el *look* de adivina gitana de una película de Fellini. A Lask le ha tocado hacer *stylings* para varios personajes de la farándula: Luis Miguel, Shakira, Britney Spears. Junto a ellos, dice, Hilton es un personaje desabrido. «No tiene onda. No tiene *glamour.* No es una mujer con estilo. Paris es como un borrego: si le dices azul, ella dice azul».

—Entonces, ¿por qué nos provoca tanta fascinación, Annie?

—¿No entiendes, güey? *Todo el mundo quiere ser Paris Hilton*. Es una chava que tiene todo y le vale madres. Todo el mundo quiere tener millones, y ser superguapa, entre comillas, y hacer lo que le pegue la gana. Así es Paris.

EL ÚLTIMO SUSPIRO DEL CABARET

Primera llamada

Sus curvas están cubiertas por un vestido largo de lentejuelas color rubí. Su sonrisa es dulce y pícara a la vez. Sus ojos oscuros brillan con una mezcla de esperanza heroica y tristeza trágica. Con una energía contagiosa, Claudia Tate canta a su público en el centro nocturno La Azteca.

«De qué manera te olvido…».

Aunque es viernes de quincena, esta noche hay más ficheras que clientes en el cabaret ubicado en Eje Central, a unos pasos de la calle de Izazaga. Lo enorme del antro contrasta con la escasez de público. Sin embargo, la Tate hace su *performance* con la misma pasión que si cantara ante una multitud.

En una mesa está un señor mayor que visita La Azteca a solas con frecuencia. En otra mesa están dos jóvenes ebrios, vestidos de sudadera, gorra y tenis, que hicieron más caso al mariachi que precedió a Tate en el escenario.

Agitando su extravagante cabellera rubia aumentada por extensiones, Tate grita, no como si estuviera cantando en el Teatro de la Ciudad sino en el Estadio Azteca:

«De qué manera yo entierro…».

Canta con pistas. Los músicos sólo tocan en vivo cuando los clientes bailan con las ficheras. Ya no hay presupuesto para que la orquesta acompañe a las *vedettes*.

«De qué manera te olvido». Quizá la pregunta clave es de qué manera nos hemos olvidado de ella. En su época dorada en los años setenta, Claudia Tate hacía su espectáculo en cabarets atestados en un D.F. atestado de cabarets: El Social, El Cadillac, El Capri, Las Fabulosas, La Ronda, La Cartier, El Folies Bergére. Sus pretendientes intentaban impresionarla con un pasmoso despilfarro de dinero.

«En aquel entonces, la botella de Viuda de Cliquot costaba mil doscientos pesos», dice Tate. «La de Dom Perignon, dos mil. Pero estos señores compraban no una botella sino quince o veinte. La clientela era de lujo. Querían conquistarnos pero con forma, con educación».

Prefiere no mencionar nombres.

«Deportistas, políticos, industriales», dice. «Es gente que sigue viva y casada; no sé si felizmente, pero casada».

Una vez un presidente de la República mandó un escuadrón de soldados al cabaret donde Tate trabajaba para recogerla y llevarla a Los Pinos. Se negó rotundamente. El dueño del cabaret le rogó que fuera: si ella no obedecía los caprichos del político, éste se vengaría y clausuraría el antro. «Manda a tu madre», le dijo Tate. «O a tu hija. Yo no voy».

«Este cariño maldito que a diario atormenta a mi corazón...».

¿Cuántas veces hemos escuchado esta canción? ¿Cuántas veces la ha cantado Tate? La *vedette* tiene ángel en el escenario; interpreta la canción con un estilo sorprendentemente fresco, como si fuera la primera vez. Pero la está cantando para un borrachín de camisa a cuadros y chaleco de imitación de cuero, y para poca gente más. La Azteca estuvo clausurado durante más de dos años; acaba de reabrir sus puertas en agosto, y todavía no ha corrido la voz.

Hoy en día quedan sólo dos cabarets en la Ciudad de México: La Azteca y su establecimiento hermano, el Club Savoy, ubicado a tres cuadras, en la calle de Bolívar a unos metros de Izazaga. Cuando uno pregunta a la Tate cómo es el trabajo en estos sitios, su bella boca se tuerce en una sonrisa traicionada por una huella de amargura palpable en su carnoso labio inferior.

«Son antros de tercera», dice. «Con sueldos de quinta».

Segunda llamada

Cruzas las puertas del Club Savoy y tienes la impresión de haber entrado en una foto de Nacho López de 1959. Las *vedettes*, las desnudistas y las ficheras, guapas en su mayoría, tienen el cuerpo rollizo y redondo favorecido en la época de la revista *Vea*. La clientela está compuesta principalmente por hombres de traje y corbata del tipo de los que se compran al tres por uno en las tiendas cerca del Monumento a la Revolución.

En las paredes hay murales con naves del espacio y marcianos que llegan a algún planeta. Fueron pintados en la época en que el viaje espacial era un cuento de hadas.

«Es que cuando yo era chamaquillo el cabaret se llamaba La Ciudad de los Marcianos», explica Raúl Morales, un señor de cincuenta y siete años que ha pasado los últimos treinta trabajando de mesero en el Savoy. «Pero fue por poco tiempo. Ha sido el Savoy durante unos cincuenta años».

Dice que cuando empezó a trabajar allí la clientela era más diversa. «Venían de todo: burócratas, comandantes de policía, locutores de radio, luchadores como Dos Caras y Septiembre Negro. Había un señor Mario que llegaba para el debut de cada *vedette* y llenaba la pista de flores. De lo más alto a lo más bajo. Claro, no dejaban entrar sin corbata». Hoy hay clientes en camiseta.

En los años setenta y ochenta el horario era más corto y Morales ganaba más: «Antes, en un viernes, uno ganaba seiscientos o setecientos pesos, si no más. El otro día, viernes de quincena, gané doscientos. Es un bajón completo. A veces llego en blanco a mi casa». Recientemente unos bienvivientes fueron atendidos por Morales de las ocho de la noche a las tres de la mañana. Su cuenta fue de siete mil pesos y le dejaron una propina de cincuenta. «Hay quienes me han dejado tres pesos», dice. «La vida nocturna se está acabando. Con tanto asalto, tanto robo, tanto secuestro, tanto relajo. Y la economía. Antes algunos clientes venían a diario. Ahora, dos veces por semana es mucho».

Liza Belem, pelirroja maternal y cariñosa, es una de las principales *vedettes* del Savoy. Sinaloense avecindada en el D.F. desde 1987, antes trabajaba en El Lido, Las Fabulosas, La Cordiale y La Tranvía, todos desaparecidos. También salió en varias películas, entre ellas *Las cariñosas*, *Las nenas del amor* y *Las glorias del Púas*.

«Siempre me contrataban porque hacía desnudos», explica. «Pero no como ahora, así tal cual, con la música pum-pum-pum. Yo los hacía con coreografía y escenografía, con música en vivo: jazz, blues, música francesa».

Una de sus actuaciones empezaba con ella recostada en un *chaise longue*, como si estuviera dormida, junto a un globo transparente, un biombo y una silla. Dos sujetos vestidos de ladrones entraban para asaltarla, pero al verla con medias y liguero empezaban a hacerle el amor.

«Fue como una película en corto», dice. «Hice otro número con un físicoculturista; primero bailaba alrededor de él y luego me cargaba mientras yo estiraba las piernas, los brazos. Después vi el circo de Pekín y pensé: "Pues nosotros hicimos todo eso"».

Lamenta que los valores de producción hayan decaído en los últimos años. Entre sus compañeras de trabajo hay varias que cantan o bailan de manera desganada. A la gerencia lo que le interesa es cuántas bebidas se venden cuando las chicas se mezclan con el público: «Ya no importa si tienen talento. Las que fichan más son las más valoradas. No les da por prepararse».

Ahora Belem no se desnuda: «¿Con mi edad, con este cuerpo?». Aunque sale al escenario con un atuendo de plumas y encajes rojos, tan transparente que evidencia su jovial escasez de calzones.

«No puedo estar en estos lugares para siempre», dice. «Aprendí a cantar porque sabía que iba a llegar una época en que no iba a poder más».

Entreacto

Hace cincuenta años, escribe Armando Jiménez en su libro *Sitios de rompe y rasga en la Ciudad de México*, había cuarenta y cuatro cabarets en un radio de mil metros a la redonda de La Azteca. En toda la ciudad, cientos. Entre ellos estaba El Burro, donde actuaron Agustín Lara, Chucho Martínez Gil y el Mariachi Vargas de Tecatitlán. Estaba también La Linterna Verde, donde Tongolele debutó en 1947. Y un antro rascuache que se llamaba Leda, donde Diego Rivera, Frida Kahlo y María Izquierdo departieron con choferes de tranvía, albañiles y mecánicos. En El Golpe se combinó el espectáculo del box con las *vedettes*. Reinaba en la imaginación el sitio exótico: estaban, asimismo, El Bagdad, El Cairo, El Estambul; El Molino Rojo, El Gran Vals, El Imperio.

«Tanto La Azteca como El Savoy empezaron en esta época, el primero con espectáculo ranchero (cantaba allí Javier Solís), el segundo como cabaret con un toque tropical (Daniel Santos y Toña La Negra alternaron en los años cincuenta)».

Además de las crónicas de Armando Jiménez, de esta gran etapa nos queda el cine. Canal 9 todavía presenta películas de cabareteras de los años cuarenta y cincuenta —*Aventurera*, *Pecadora* y *Sensualidad*, entre otras— en las que una niña esencialmente angelical (Ninón Sevilla, Rosa Carmina o María Antonieta Pons) es corrompida por un gánster (Tito Junco, David Silva o Carlos López Moctezuma) que tiene vínculos con un cabaret, donde ella consigue trabajo cantando y bailando la rumba con atuendos provocativos. Hacia el final, ella inevitablemente paga un precio muy caro por su caída. Pero lo que nos fascina de estas películas no son sus mensajes moralistas sino sus extravagantes números musicales, acompañados por orquestas y cuerpos de ballet con docenas de elementos.

Ernesto Uruchurtu, regente de la Ciudad de México durante casi dos décadas, puso fin a esta etapa de la vida nocturna en los años sesenta, al imponer una ley que dictaminó que todos los antros debían cerrar sus puertas a la una de la mañana. Uruchurtu dejó de ser regente en 1970, fecha que marca el renacimiento de los cabarets en México.

Los setenta: una época de grandes *vedettes*. Gloriella, que traía puesto un bikini bajo su abrigo de piel. Olga Breeskin, que tocaba el violín vestida con poco más que plumas. Angélica Chaín, una ultrarrubia estilo Marilyn Monroe, la *darling* de su generación. Lin May, *la China de Acapulco*, que se contorsionaba al son de la rumba. La Princesa Lea, una canadiense que entraba al escenario bañándose en una enorme copa de champán.

Claudia Tate era una presencia estelar en esa compañía. «Era una de las explicaciones más idóneas de la época al porqué los caballeros las prefieren rubias», dice Sergio González Rodríguez, autor de *Los bajos fondos*, un libro de ensayos sobre la vida nocturna de la Ciudad de México. «Su presencia también consta en algunas películas de "ficheras" de aquellos años, lo mismo en espectáculos de *burlesque* teatral que en cabaret».

Para las *vedettes* de los años setenta, había trabajo para regalar. Además de en cabarets, Tate actuó en teatros (El Principal, El Fru-Frú, El Carpa México, el de las Vizcaínas), teatros de medianoche y programas de televisión (*Variedades de medianoche* con Manuel *el Loco* Valdés, *Chulas fronteras*). Salió en más de cincuenta películas, entre ellas *Sexo vs. sexo*, *El sexo de los pobres* y *El sexo me da risa*; *Las fabulosas del reventón*, *Noches de cabaret* y *Las perfumadas*; *Perro callejero*, *Barrio bravo* y *Barrio salvaje*. Compartió créditos con Sasha Montenegro, Isela Vega, Maribel Guardia, Lina Santos, Carmen Salinas, el *Caballo* Rojas, Rafael Inclán, Pedro Weber *Chatanuga*, Alfonso Zayas y Lalo *el Mimo*.

Pero ganó sus mayores ingresos en los cabarets: «En los setenta, una *vedette* de primer nivel ganaba como sueldo mínimo dos mil ochocientos pesos diarios, limpios,» dice Tate. Además de invitarla a tomar quince botellas de champán, sus pretendientes le regalaban cosas más fuertes, como el montaje de sus espectáculos: «Me invitaban de todo, pero de todo: los vestuarios, los arreglos musicales, las pelucas, los zapatos, y, sinceramente, a cambio de nada, de haberles caído bien. Claro, querían lograr algo: como suele decirse: "El que persevera alcanza"».

Tate —que adoptó su nombre artístico después de la muerte de Sharon Tate— trabajó en espectáculos de revista estilo Las Vegas que incluían un cuerpo de ballet de cuatro hombres y doce mujeres, cantantes y cómicos: «Tantas jovenzuelas tan bonitas, con buena forma, con vestuario de primera. Pura belleza, puro cuero, como decimos. Puras Barbies».

Aunque en ciertas revistas posaba como Dios la trajo al mundo, Tate dice que nunca salió desnuda al escenario: «Salía con tocados, y muchas plumas. Entraba, cantaba y luego me cambiaba de ropa. Bailaba con los bailarines, cada vez con menos ropa. Acababa con unos chiquibikinis y unas chiquitangas, que tapaban el puro pezón y la parte púbica. Insinuaba, nada más. Mientras no se vieran esas partes seguíamos siendo artistas y no encueratrices. El desnudo es otra cosa, otra forma, es *burlesque*, es pornografía. Lo que hacíamos era arte».

Un arte que agoniza. Tate dice que está dispuesta a trabajar en La Azteca un rato más: «Aunque no es de primera, te conformas. No es de categoría, pero es trabajo. El Savoy nunca fue de primera, ni en los años cincuenta. No era de quinta, tampoco, pero nunca fue de primera».

¿Última llamada?

En 1992, antes de firmar el Tratado de Libre Comercio, México adoptó una costumbre de su país vecino y abrió las puertas de los primeros bares de *table dance* en el D.F. En estos sitios un cliente no sólo podía ver a una mujer desnuda: le podía pagar para que se le subiera en las piernas mientras se retorcía y contorsionaba. Tocar a la dama no sólo estaba permitido sino alentado. En algunos bares de *table dance*, casi todos clausurados, el menú de servicios ofrecidos era aún más amplio, hasta los límites restringidos de la imaginación masculina. Como algunos virus mortales, en poco tiempo los *table* se multiplicaron de manera exponencial.

Los *table* fueron el beso de la muerte para los cabarets. González Rodríguez explica que los *tables* «cerraron la brecha entre el espectador y el objeto del deseo sobre un escenario que, por más cerca que estuviera de uno, siempre era remotísimo en el cabaret. El acto de poseer a distancia el cuerpo femenino mediado por un espectáculo de revista se convirtió en una realidad asequible y palpable a cambio de una suma módica de dinero».

El autor se refiere sólo al punto de vista del cliente. Hay que imaginar el del dueño del antro. Cada vez que un tipo paga doscientos pesos por el placer del contacto con la teibolera por lo que dura una canción grabada, la casa se queda con la mitad de la «suma módica». Multipliquemos esta suma, ¿por cuántas canciones, cuántas chicas? Agreguemos lo que cuestan las copas. Deduzcamos el precio de la orquesta en vivo. Los *tables* son fábricas de dinero; en comparación, un cabaret tiene ganancias más cercanas a las de un changarro de tortas.

¿Hay futuro para los cabarets en México?

«Sí», asegura Juan Imperio, secretario general de la Asociación Nacional de Actores, un hombre que hizo su vida como bailarín y coreógrafo en los cabarets de los años setenta al lado de su hermano Enrique Imperio. «No es la primera vez que los cabarets han cerrado. Hay etapas, ciclos. En un momento dado la gente se va a cansar de los *table*. ¿Cuántas veces vas a ver una mujer encuerada que no deja nada a la imaginación? En eso no hay arte, no hay nada. El público va a querer variedad en su divertimento».

Una reciente noche sabatina, el bar de *table dance* El Clóset, en la colonia Condesa, estaba llenísimo, prueba de que hay personas que, a diferencia de Juan Imperio, no se cansan fácilmente de ver mujeres desnudas. La gente que trabaja en los cabarets tienen dudas sobre el futuro.

«Esto no va a trascender más», dice el mesero Raúl Morales. «O se va a quedar así o va a desaparecer el cabaret con variedades». Después de treinta años, Morales podrá cobrar su pensión un año más, y tiene el plan de abrir un pequeño negocio.

Liza Belem se pregunta de dónde podría venir un renacimiento de los cabarets: «Es que no hay nuevas *vedettes*, no hay sangre nueva. Televisa y TV Azteca han acaparado a todas las chicas nuevas». Menciona a dos colegas jóvenes que antes trabajaban con ella en el Savoy, pero salieron para el billete más fuerte de los *table*. En cuanto a su propio futuro, Belem sueña con cantar en el *lobby* bar de un hotel o hacerse actriz: «Pienso que en uno o dos años me voy a ir a Estados Unidos; haré cualquier cosa —lavar platos, limpiar pisos— para ahorrar dinero para estudiar actuación. Eso quiere decir empezar de nuevo. Me conformo con cositas, por ejemplo si me quieren de extra».

A Claudia Tate le gustaría regresar al cine y la televisión cuando deje de ser *vedette*. «Actuar es una bendición», dice. «No importa si tienes ochenta años; está comprobado. No tienes que cantar o salir con poca ropa. Así, no me preocupa tanto la edad, tengo más carrera».

Pero todavía no hay que tocar las campanas funerarias. En un viernes reciente que no era de quincena, el Savoy estaba lleno. Corre la voz de que Enrique Imperio va a hacer la nueva coreografía para La Azteca; el dueño está invirtiendo dinero y ganas para promoverlo. Lo que está por verse es si los sitios pueden atraer a un público consistente y no tan esporádico.

González Rodríguez se pregunta si el tiempo del cabaret ha pasado. «El regreso de los cabarets de antaño implica algo muy difícil: cambió el contexto y, por lo tanto, el gusto», dice. «Se tendría que refundar el género. Por ejemplo, que en lugar de que el llamado teatro-cabaret se dedique en exclusiva a la parodia política o la burla de las figuras públicas, se recupere el sentido integral del espectáculo en torno a la sexualidad femenina, algo que sí realizan ahora los bares de *table dance*. Además de que no hay mejor espectáculo de cabaret que el que se ve a veces en la Cámara de Diputados o en el teatro de Los Pinos, ya que incluye "encueres" colectivos, chistes, cantinfladas y *sketches* de tamaño presidencial. Frente a esto, ¿para qué se quieren más cabarets?».

ENTRE *ENFANT TERRIBLE* Y *ÉMINENCE GRIS*

Altibajos

Hace algunos años, Guillermo Fadanelli sufrió una crisis existencial. Una noche, ya tomados en un bar, me confesó que se sentía un fracaso absoluto. Había apostado hasta la camisa por la literatura y perdió. Después de publicar cuatro novelas, seis libros de cuentos y un sinfín de artículos, después de formar su propia revista y su propia editorial, no tenía un quinto para la próxima copa. A pesar de su papel de hijo mayor, no iba a poder ayudar a los padres en su vejez. Dijo que iba a abandonar la ciudad, para buscar una vida más sencilla y económica en un pueblo de Hidalgo.

Temí que Fadanelli fuera a llorar. Pero no, encogió los hombros y dijo: «Por lo menos, soy un buen bebedor». Después de tragar las últimas gotas de su tequila, brotó una sonrisa perversa, que expuso sus dientes chuecos y una cantidad obscena de encías: «Y soy muy bueno con las chicas», dijo.

Meses después, en el Bull Pen, un antro de la colonia Roma, Fadanelli se excusó con tres chicas para ir al baño. Al volver, encontró a las mujeres acompañadas. «Como en el arca de Noé, ya habían formado parejas», explica. Invitó a los hombres recién llegados a largarse. Intercambiaron palabrotas y luego golpes. Para Fadanelli el resultado de una patada fue la nariz aplastada, rota en múltiples pedazos. Ahora tiene una inclinación permanente al sudeste: «Hicieron indiscutible mi fealdad», comenta.

Desde entonces, su suerte cambió radicalmente. Su siguiente novela, *Lodo* —que el crítico Christopher Domínguez Michael califica como «una de las mejores novelas mexicanas que he leído en los últimos diez años»— ganó el Premio de Narrativa de Colima en 2003. En 2004 fue invitado al Sistema

Nacional de Creadores, lo que significa que, durante tres años, el gobierno mexicano lo becó con diecisiete mil pesos al mes por mirar al techo y luego producir otro libro. Anagrama, la prestigiada editorial española, le publicó de inicio dos libros previamente editados en México y ha seguido publicando los siguientes. Asimismo, sus novelas han sido traducidas al francés, italiano, portugués y alemán.

El mundo cinematográfico también le ha dado su bendición al autor. En Argentina filmaron su novela *Clarisa ya tiene un muerto*, y en México rodaron otro libro suyo, *¿Te veré en el desayuno?* Vendió los derechos tanto de *Para ella todo suena a Franck Pourcel*, como de *La otra cara de Rock Hudson*.

Previsiblemente, Fadanelli ve su éxito con un cinismo cabal. Asegura que, lejos de ser comprado, el premio del Sistema Nacional se dejará principalmente en manos de cantineros, dueños de bares, vendedores de drogas y de, según él: «Mis amigas que me explotan cotidianamente, y a quienes invito todo tipo de licores y de drogas». Agrega: «Prefiero recibir becas, o pararme dos horas en la esquina de mi casa con la mano extendida, que ir a un oficina. Mejor un limosnero que un trabajador honrado».

Sigue hablando de salir de su natal Ciudad de México, donde se ubican todos sus libros. «Una ciudad como la nuestra, dedicada esencialmente a la rapiña, no te permite descuidarte un momento. No miento si te digo que el miedo e incluso el odio que me despiertan sus habitantes me mantienen en un estado de absoluta psicosis».

Premiado en pijama

Siempre comprometido con el comentario escandaloso, Fadanelli causa mucha polémica, quizá principalmente por gente que no lo ha leído, o que leyó un par de cuentos hace diez años. Le suelen tachar de sexista, de homófobo, de moralista disfrazado de libertino. De ideas obvias, baratas y cansadas, pegadas a una noción romántica del escritor maldito que viene del siglo XIX, de los tiempos de Baudelaire. Con cierta perspicacia, para vender sus libros, Fadanelli sabe convertirse en figura pública, a veces chistosa, a veces sangrona, y siempre provocadora.

Cuando ganó el premio IMPAC-CONART-ITESM en Nuevo León en 1998, le avisaron que el gobernador del Estado iba a asistir a la ceremonia. Pidieron que Fadanelli no apareciera en el saco de su pijama, como solía hacer en eventos públicos en esos días: el político lo tomaría como una impertinencia. El escritor sugirió que el gobernador llegara en pijama también, o si no, simplemente que no apareciera, puesto que Fadanelli, y no él, era el ganador del premio. Por fin, no llegaron ni uno ni el otro, en ningún atuendo.

En congresos, conferencias y presentaciones de libros —igual que en cantinas, restaurantes y las salas de la gente que lo invita a su casa— Fadanelli suele tener declaraciones ágiles o perversas a la mano. A los que lo acusan de escribir un tipo de «realismo sucio», contesta: «Lo practico en la cama, no en la literatura». Una vez, en una conferencia en provincia, llegó en un pijama chino de seda negra. En un coctel del evento, un desconocido ingenuo le preguntó si era uno de los escritores invitados. Contestó que era el dueño de un restaurante chino en Miami, y luego los dos conversaron sobre el menú, los meseros y la buena vida de Florida.

Fadanelli admite que es una especie de Frankenstein y que «Guillermo Fadanelli» es su propio monstruo. «Hasta cierto punto es saludable crear un personaje para no tener que dar la cara todos los días», dice. «Hay que fingir todo el tiempo, ser un mentiroso profesional, un hipócrita con los demás. La cortesía, el distanciamiento, el protocolo son maneras muy dignas de mantener el decoro y la lejanía. En este sentido, la creación de un "Guillermo Fadanelli" es un salvavidas para un Guillermo Fadanelli real».

Es instructivo investigar cómo inventar un monstruo. Guillermo Fadanelli no nació Guillermo Fadanelli, sino Sergio Guillermo Juárez Fadanelli, el 14 de noviembre de algún año entre 1960 y 1963. «He mentido tanto al respeto que yo mismo tengo grandes confusiones», dice. Creció en la colonia Portales, hijo de un padre que conducía un tranvía y una madre que se dedicaba a la casa. Tiene una hermana y un hermano. «Toda mi infancia y adolescencia fui a escuelas de gobierno y viví una vida de barrio», dice.

«Era un niño sensible, muy apegado a mi madre, lo que despertó sospechas sobre mi hombría en mi padre. Entonces, a los diez años, me inscribió en una escuela militar donde por supuesto me hice menos sensible, más majadero, más vulgar. Fue una experiencia a fin de cuentas inolvidable».*

Después, su padre empezó a progresar, trabajando como gerente del centro nocturno El Fórum, y como administrador de una compañía de exploración petrolera. Se cambiaron a Cuemanco. Fadanelli estudió ingeniería en la UNAM, aunque nunca se tituló. En la universidad conoció a la bella Yolanda Martínez, la mujer con la que ha vivido un número de años que prefiere no mencionar. «No quiero saber, porque en cuanto empiece a contar, la abandono y dejo esa casa para siempre».

«Cuando dejé mis estudios, conscientemente, incluso cínicamente, tomé la decisión de ser un artista. Para mí, el escritor no sólo tiene que ser un trabajador eficaz, sino tiene que ser un artista, tiene que transgredir ciertos órdenes estéticos a través de la escritura. Me quité el apellido de mi padre y el nombre que me había puesto, y me quedé con el nombre que había escogido mi madre y su apellido».

Al principio, nadie lo peló, pero empezó a publicar en *Sábado*, el suplemento cultural de *Unomásuno*, en esta etapa dirigido

* Su novela *Educar a los topos*, basada en esta experiencia, fue publicada por Anagrama con posterioridad a esta entrevista.

por Huberto Bátis, editor distinguido del periodismo cultural. Empleando una estrategia obvia pero oportuna, Fadanelli hizo su primer ruido con una nota criticando a cuarenta escritores mexicanos bajo el título «La literatura a la que estamos condenados». Dice: «Me abrí paso disparando los cañones».

Su aprendizaje como novelista y cuentista tuvo lugar en las calles del D.F. «Si un escritor me pidiera un consejo», explica, «además de cobrarle, le diría: Pasea, camina sin dirección, observa, dedícate a la vagancia y después, cuando no puedas dar un solo paso, ponte a escribir». Fadanelli dice que escribió cinco novelas que nunca publicará. «No fui a talleres literarios. He sido un autodidacta toda mi vida. Esas novelas —de las cuales me avergüenzo casi tanto como de las novias que tuve en el pasado— se mantendrán ocultas a lo largo de la historia».

Casi todos sus primeros títulos fueron autopublicados bajo el sello Moho, que él mismo formó porque las editoriales comerciales no le hacían caso. Con Moho ha publicado una revista *underground*, además de quince libros, de él y de escritores jóvenes que buscaban espacios alternativos. Él y Yolanda sobrevivieron muchos años al margen. «Vivíamos de las revistas que vendíamos de mano en mano, de las clases de inglés que daba Yolanda y de su diseño gráfico. Y de unos cuantos artículos que lograba publicar. Siempre vivíamos al límite».

También escribe

Fadanelli tiene alrededor de cincuenta camisas y dos pantalones. Casi todas las camisas son regalos de amigos y admiradores. Durante una entrevista, aprovechó la oportunidad de exhortar al público a regalarle más pantalones. Luego, con una vanidad sorprendente en un hombre tan feo, no quiso decir el tamaño de su creciente cintura. Por fin concedió: «treinta y cuatro, y en diciembre treinta y seis».

Entre tanta mitomanía, es posible olvidar que Fadanelli también es escritor, posiblemente el mejor de su generación en México. A diferencia de casi todos los demás se ha distinguido por un realismo urbano. Mientras Mario Bellatin, Javier García Galiano y Jorge Volpi ubican sus libros en un Japón, una Polonia o una Alemania, principalmente fabricados en su imaginación, y Mario González Suárez y Mauricio Montiel escriben de lugares que son más metafísicos que reales, el D.F. es el lienzo de Fadanelli.

Sus libros toman lugar en las calles chuecas de barrios específicos: el Centro, la Roma, la Escandón (donde él vive), y las muchas colonias «sin rostro, sin ningún tipo de placer o de belleza arquitectónica, cortados con la misma tijera». Es una ciudad poblada por personajes no precisamente antihéroes, sino heroicamente mediocres: burócratas pedantes, prostitutas que nadie quiere, oficinistas grises, basureros sumisos, niñas bien que se complacen en meterse droga y se excitan con irse a la cama con un extraño por dinero.

Como el París de Balzac o el Londres de Dickens, quizás hay algo universal en el D.F. de Fadanelli. *La otra cara de Rock Hudson* trata de un adolescente que se involucra con un delincuente de poca monta en las calles de la Obrera, reconocibles para cualquier persona que las ha recorrido. Sin embargo, fue la novela deseada por los editores de España, Francia, Italia, Portugal y Alemania.

Fadanelli es un maestro de la estructura y la simetría: casi nunca hay una palabra en el primer capítulo de sus novelas que no resuene en el último. Como cuentista, es prolífico, y como muchos prolíficos, es disparejo: unos cuentos son de colección mientras otros se leen como garabatos que hizo antes del desayuno. *Lodo* es el trabajo de un escritor ya maduro. La historia de Benito Torrentera, un profesor de filosofía de cero distinción, que chantajea a una joven para intercambiar sexo por dinero, es una especie de *Lolita* antirromántica, y quizás se volverá un clásico del humor negro con el paso del tiempo.

Domínguez Michael, el crítico literario, dice: «Mis primeras críticas sobre Fadanelli fueron muy negativas. Me parecía el típico moralista que, asustado por la "deshumanización de la sociedad", decide exaltarla negativamente. Viejo truco aderezado de tonterías pornotópicas o antipsiquiátricas destinadas a asustar o escandalizar a sus tías. Pero *Lodo* me parece una estupenda novela: el profesor Torrentera es una auténtica creación novelesca. No me cabe duda de que a Fadanelli le irá todavía mejor en Europa. Reúne dos virtudes raras en los novelistas latinoamericanos: vigor narrativo y filosofía moral».

Daremos al escritor la palabra final de su obra: «En la literatura y en todas las actividades que he llevado a cabo en la vida», dice, «soy una especie de eyaculador precoz. Creo que todos los libros que he publicado podrían ser buenos libros si les hubiera dedicado más tiempo, pero soy muy impaciente. Últimamente he aprendido la paciencia. Tardé un año en escribir *Lodo*, mientras que hice *La otra cara de Rock Hudson* en treinta días. Cada día que pasa me interesa menos la publicación y más la escritura».

Días oscuros

Nadie llega a la madurez sin cicatrices, aun menos Fadanelli. En abril de 2004, después de mucho tiempo enferma, falleció su madre. «Decidió morirse porque estaba decepcionada de sus hijos, de su esposo y en general de todos los seres humanos que la rodeaban», dice. Menos de un año antes, se había muerto su padre, «en su cama, tranquilo».

Indudablemente la muerte lo ha cambiado. «Nunca he sentido un dolor tan profundo como la muerte de mi madre. Me he vuelto más cínico. Quiero menos la vida. Soy más desvergonzado. Me siento más desolado, tengo pesadillas terribles, sueño mucho con la casa de mis padres. La muerte de mi madre me ha enseñado que la vida, por supuesto, no es sólo miserable sino extremadamente cruel, pasajera, intranscendente. En fin, sí, he cambiado, pero todavía no lo he asimilado».

Notorio por las borracheras heroicas, que a veces duran varios días con la ayuda de estimulantes químicos, ahora Fadanelli casi nunca asiste a sus antros predilectos de mala muerte y prefiere ir a alguna cantina cerca de su departamento para luego seguir la fiesta en la casa de alguien.

Pero no ha dejado la pachanga. En su novela *El retrato de Dorian Gray*, Oscar Wilde escribió sobre un hombre hermoso que nunca envejece, mientras la imagen de él en un cuadro decae horriblemente. La historia de Fadanelli es al revés. Según fotos, cuando joven, era guapo, mientras ahora parece el retrato deteriorado en carne viva. «He quitado todos los espejos de mi casa», dice. «Odio verme reflejado. Ya no soy un hombre que cause demasiada impresión en las mujeres. Espero en el futuro por lo menos causarles asco. Me parece una sensación que podría parecerse a la conquista, y casi agradable».

«No le tengo miedo a la edad», agrega. «Quiero llegar a los setenta años para perseguir a jovencitas de sesenta».

Si no se autodestruye, probablemente veremos lo mejor de su escritura. Nunca se sabe. Una tarde fui a comer a su casa. Tomamos martinis con ginebra, luego pasamos a una botella de ron traída por otro invitado, y luego, en la noche, llegaron algunas de sus amigas y tomamos tequila, cerveza y unos estupefacientes aportados por ellas. A las cuatro de la mañana no aguanté más y me fui a mi casa.

A las once de la mañana siguiente, sonó el teléfono. Era Fadanelli. «Estamos desayunando en el Salón Ajusco», me dijo. «Ven». El Ajusco es una cervecería en Tacubaya que no sirve ni café ni huevos ni atole con torta de tamal. Había dormido un poco, así que fui y lo encontré con tres de sus amiguitos veinteañeros. Después de varias horas de chelear, fuimos a comer a El León de Oro, la cantina más cercana a su departamento. Fadanelli llamó a Yolanda, supuestamente para que comiera con nosotros, pero más bien para que ella lo llevara a la casa en hombros, por si fuera necesario.

Alrededor de las cuatro de la tarde, Fadanelli parecía como que se iba a derretir en su silla. Me miraba y me preguntaba: «¿Cómo me ves?». Le respondí: «Pareces un boxeador que perdió la pelea».

Me miró con desprecio. «Cabrón», me dijo, «no sabes de lo que soy capaz».

NOTA ROJI

En los últimos cincuenta años, la mancha urbana del D.F. y sus alrededores se han extendido de una forma monstruosa, tragando enésimos municipios, pueblos y ciudades. Hay alrededor de ochenta y cinco mil calles. Cerca de ochocientos cincuenta se llaman Juárez, más de setecientos se llaman Hidalgo y un poco menos de setecientos se llaman Morelos. Hay calles que se llaman Ixtlememelixtle, Xiuhtecuhtli y Huitzilihuitl. De las casi nueve mil colonias, nueve se llaman La Palma y cuatro se llaman Las Palmas, ni hablar de las numerosas variantes: La Palmita, Las Palmitas, Palmas Inn, La Palma Condominio, Palmas Axotitla, La Palma I y Palma I-II U.H.

Para combatir la desorientación, la confusión y el desorden anárquico, existe un arma no tan secreta. Es un libro, el único verdaderamente indispensable en la Ciudad de México. Se llama *Guía Roji*, y con él en mano, nadie se pierde.

Negocio familiar

Roji es un apellido belga. Durante el siglo XIX, una familia Roji enmigró desde Bélgica hasta España, y luego a México. Cuando joven, a principios del siglo XX, Joaquín Palacios Roji —como muchos mexicanos a través de la historia— se fue a Estados Unidos en búsqueda de mejores oportunidades. Pasó ocho años en Nueva York y ocho más en San Francisco.

«Trabajó de todo un poquito», dice Agustín Palacios Roji G., su hijo menor, ahora el director de la empresa de la guía. «Era sastre y también trabajó en una fábrica de dulces. Eso es todo de lo que me acuerdo. Él murió en 1962, cuando yo era un muchacho de catorce años. Al regresar a México utilizó su experiencia como sastre haciendo uniformes para el Colegio Militar, y luego trabajó en la construcción».

Pero su sueño era publicar un mapa de la ciudad en forma de libro, un producto inexistente en esta época. «En Nueva York había un libro parecido, algo que se llamaba *The Red Book*», explica Palacios Roji. «Era muy famoso. Aquí en México no había una sola guía. Mi padre no le quería poner la *Guía Roja*, que era demasiado parecido. Entonces decidió usar el apellido, Roji. La primera edición salió en 1928».

Entonces, sólo había tres mil calles en la Ciudad de México. En la primera *Guía Roji* no había mapa, era más bien una lista de calles con instrucciones prácticas, cómo ir de un lado a otro, dónde paraba el tranvía, cuáles eran las atracciones cercanas. Fue un éxito instantáneo: la primera edición vendió diez mil ejemplares.

Hoy al año se venden doscientos cincuenta mil ejemplares de la *Guía Roji* en forma de libro. Además la compañía fabrica mapas murales, mapas de las delegaciones, guías de otras treinta y cinco ciudades de la República, varios atlas y mapas de carretera. También venden la *Guía Roji* en forma de CD. Al año, venden setecientos cincuenta mil unidades de todos los productos. La compañía tiene camionetas y hace su propia distribución. También tiene imprenta y así fabrica la mercancía.

Las ventas de la *Guía Roji* del D.F. representan un poquito más del uno por ciento de la población de la ciudad y sus alrededores. Palacios Roji no maneja estadísticas ni hace estudios de mercado de quién compra el libro, pero nota que un porcentaje alto de los que compran en la tienda de su base central son extranjeros.

«Nuestro peor enemigo es la falta de cultura», dice. «Y la falta de lectura. Los mexicanos no somos muy dados a los libros. En otros países —en Europa, en Japón, en Estados Unidos— la gente no anda en la calle preguntando cómo llegar. Mucha gente tiene tres mapas en su coche: el de la ciudad, el del estado y el del país. Eso es poco común en México y es un freno a las ventas».

Casi cualquier persona que ha viajado por la ciudad en taxi ha tenido la experiencia de perder media hora, y los pesos correspondientes, mientras el chofer da vueltas buscando la calle indicada a través de preguntas a los peatones. A muy pocos se les ha ocurrido comprar la guía. «Intentamos una publicación, una guía del taxista, y lo promovimos, pero no dio buenos resultados», comenta Palacios Roji. «Se quejaron del costo, que era de cincuenta pesos, que representaba mucho de lo que sacó del día. Ahora vendemos lo que sobra de las ediciones agotadas a los taxistas a precios baratos, en los módulos donde verifican los vehículos».

El negocio sigue en la familia, a pesar de su tamaño y complejidad. Empresas internacionales se han acercado para ver si está en venta. «Ni pensamos en vender», dice Agustín. Su hijo (del mismo nombre) trabaja con él.

¿Cómo se llama la calle?

Hay un equipo de quince personas que actualizan la *Guía Roji* todos los años. Andan en coches, comparando los planos de la guía del año anterior con fotos aéreas y lo que ven en la calle. Van en equipos de dos, con una persona que maneja y otra que comprueba. Trabajan de las siete de la mañana hasta las siete de la noche. Tardan entre un día y una semana en completar un plano, dependiendo de la complejidad y de lo lejos que estén de la central, en la colonia San Miguel Chapultepec.

No es siempre una ciencia exacta. «Hay muchos asentamientos irregulares en el Estado de México», explica Alejandro Gómez, director de información y recopilación de datos para la empresa. «Los nombres de las calles no son oficiales, aunque pueden convertirse en oficiales con el tiempo. Pero mientras, no hay placas y hay que preguntar a la gente cómo se llaman».

Los residentes de los barrios no siempre se ponen de acuerdo. Por ejemplo, cuando preparaban la edición 2004, había una nueva colonia al norte de la ciudad, cerca de Jardines de Morelos, que se llama Las Brisas Totolcinco. Allí las calles tienen nombres de árboles: Jacarandas, Laureles, Robles, etc. «Diferentes personas te dicen diferentes nombres», explica Gómez. «O en cada esquina cambian el nombre. Hay que preguntar a varias personas y buscar consenso».

A veces los vecinos los reciben con desconfianza. «No pasa de un susto. Te ven feo, o el perro te ladra». Gómez agrega que la suspicacia es peor en la provincia: «Cuando hicimos la guía en Puebla, en ciertas colonias nadie nos quería hablar».

El trabajo tiene sus peligros. En los dos últimos años, mientras investigaban Iztapalapa, unos ladrones robaron los coches, dejando a los choferes en el Cerro. Las dos veces, los recuperaron en cuestión de horas, sin violencia.

Un fotógrafo tomó muchas imágenes mientras preparaban el mapa mural del Centro Histórico. En Tepito, tres rudos se le acercaron, preguntando que hacía. «Vivimos aquí», dijeron. Para enfatizar su punto de vista, le despojaron de su cámara. Gómez, que vive en Tepito, ofreció acompañarlo para completar el trabajo. «No vuelvo allí», dijo el fotógrafo.

Con frecuencia los del equipo interrumpen el tráfico, manejando con baja velocidad, o parando, mientras buscan las placas de las calles o preguntan a la gente cómo se llaman. «Hay claxonazos que aumentan la tensión», dice Mauricio Serrano, consejero de la empresa. Algunos patrulleros en busca de sus mordidas suelen detenerse cuando ven el logotipo de la guía en los coches. «No pasa de una mentada», comenta Serrano.

¿Alguna vez los del equipo se han perdido? «Sólo después de la fiesta de fin de año», dice Palacios Roji.

La calle de Juan Gabriel

Hojear la *Guía Roji* es como leer la biografía de la Ciudad de México. Serrano explica por qué hay tantas calles con nombres de héroes nacionales o fechas importantes. «Como México es grande, absorbe varios pueblos, municipios, localidades.

Son cientos de entidades. Por ejemplo, en el Estado de México hay ciento veinticuatro municipios. Todos tenían su calle Hidalgo, su calle Morelos y su calle Juárez».

Después de los nombres y fechas históricas, las repeticiones más comunes son los árboles y flores. Hay miles de calles Pino, Rosas, Rosales, Tejocotes, Gladiolas, Ciprés, Cedros y Margaritas. Otras que se repiten *ad infinitum* son los lagos, los ríos y los santos.

Hay diecisiete calles Agustín Lara, seis Pedro Infante, cuatro Juan Gabriel y siete José Alfredo Jiménez (una que se ubica en la colonia Jorge Negrete). Un ejemplo de la falta de justicia en México es la ausencia de una calle Pérez Prado. En la colonia Guadalupe Tepeyac, las calles tienen nombres de mujeres: Martha, Rebeca, Graciela, Lidia, Sara, Carlota. La colonia Ciudad Alegre no se llama así por nada: sus calles tienen nombres de bebidas embriagantes, como Viejo Vergel, Don Pedro, Bobadilla 103 y Azteca de Oro. Hay una calle El Último Paseo que se acaba en un panteón. También hay calles Del Trancazo, De la Amargura, Salsipuedes y Sin Nombre.

Supuestamente hay un comité de nomenclatura en el Gobierno del Distrito Federal que pone en orden el nombramiento de las calles, pero Serrano es poco diplomático sobre el organismo: «No funciona», dice. «No le hacen caso, y nunca se reúnen». Supuestamente hay una regla según la cual no se puede poner el nombre de una persona que sigue viva, pero las calles Juan Gabriel desmienten esto. Cuando les ponen nombres de políticos, a veces hay protesta. «Hay muchas calles Salinas, Echeverría», dicc Palacios Roji. «Cuando pusieron el nombre de LEA en una colonia —por Luís Echeverría Álvarez— la gente se quejó. Dijeron: "No lo ponga, no lo queremos"».

El mapa del futuro

La compañía empezó su expansión en 1975, después de que Palacios Roji trabajara seis meses en Teikoku-shoin, una empresa japonesa, que también hace mapas. Allí se le ocurrió la idea de expandir su línea de productos más allá del D.F. El futuro estará en productos electrónicos y digitales.

«Pronto tendremos nuestro sitio de internet operativo», dice. «Lo tuvimos pero no funcionó bien». Igual vendieron las *palms* con el mapa adentro, pero descontinuaron la línea. «El mapa ocupaba mucha memoria y el usuario tenía que usar toda su capacidad para su mapa». Ahora están metiendo la información en una tarjeta que se puede meter en la *palm*. «Lo difícil es el costo», dice Palacios Roji. «La tarjeta virgen cuesta entre veinte y veinticinco dólares. Si metemos la información y cobramos cien dólares, dudo que haya mucho mercado. Quizás en principio tendrá que ser un producto caro, pero luego el precio de las tarjetas bajará».

Otro producto que le interesa a Palacios Roji es un mapa hablador que se instala en el coche, para dar instrucciones de cómo llegar a cualquier sitio. «La tecnología ya está», explica. «Buscamos una empresa que haga los aparatos, que la gente pueda comprar y luego instalar en sus coches. Lo preferimos así que venderlo como un producto ya instalado cuando uno compra un coche».

El mundo electrónico le ha traído su peor problema: la piratería. Los piratas no suelen copiar el libro, que está impreso con cuatro colores e implica un costo elevado. Pero las copias de los CD son fáciles y baratas de hacer. Palacios Roji tiene una demanda contra Telcel ya que, según él, copiaron la guía digital, sin permiso, para muchos de sus empleados. El Instituto Mexicano Para la Propiedad Industrial hizo un dictamen a su favor, dice el empresario, «pero la multa era de sólo treinta mil pesos para pagar los gastos del IMPI». Sin embargo, su dictamen debe ayudarlo cuando Palacios Roji llegue a la corte.

A pesar de los piratas, la *Guía Roji* tiene el plano para su futuro. Por lo menos para nosotros que queremos saber dónde estamos y dónde vamos en nuestro monstruo de ciudad.

LAS PARTES CACHONDAS

WIM WENDERS EN PELOTAS

«La cadena hotelera Hilton gana más dinero por rentar películas porno en las habitaciones que de sus servibares», dice un hombre de treinta y cuatro años que ha adoptado Maldoror como su *nom de guerre*. Es carismático, pero sin ningún rasgo extraordinario. «Un ochenta por ciento del negocio *broadband* de AT&T es de porno. La mayoría de lo que gana General Motors en Direct TV viene del porno».

Todo el preámbulo forma la explicación de que su sueño —ser el rey del porno de la ciudad— tiene fundamento económico. Maldoror y su socio, Tirielle, se imaginan un imperio que incluye la producción de películas, sitios de Internet en vivo, telenovelas eróticas hechas para Sky TV, y escenas y fotos individuales en venta en puestos de periódicos, ferias eróticas y en la *web*.

La conversación con el reportero tiene lugar en una cantina humilde de la colonia Tacubaya. Hasta la fecha, Barro Ardiente, la productora de Maldoror y Tirielle, sólo ha hecho una película, *Fetiches mexicanos 1* (la intención es una serie de doce). Dicen que el costo fue de quince mil dólares, y además de distribuirlo en puestos de la calle, han vendido los derechos en la República Checa y Estados Unidos. «Tuvimos que garantizar que todas las chicas en la película fueran verdaderamente mexicanas. La mayoría de las estrellas de porno son rubias de ojos claros. Pero la gente a la que le gusta ver mexicanas es un nicho de mercado», explica Maldoror.

La película, de una hora y dividida en cuatro escenas, fue filmada en departamentos y hoteles de paso. Tiene un estilo sumamente *amateur*. Dicen que fue a propósito: «Es la tendencia de hoy, como si fuera un video casero».

Aparte de sus planes de realizar los otros once episodios de *Fetiches mexicanos*, Maldoror y Tirielle también tienen proyectada una serie de películas basadas en los clásicos de la literatura erótica: *La historia de O*, las obras del Marqués de Sade y las de Georges Bataille. No buscarán repartos exclusivamente mexicanos: «Caigan los que caigan», dice Maldoror. «No nos importa si son como películas de Wim Wenders, con cada personaje hablando un idioma distinto».

Así será más fácil. México no tiene una gran tradición pornográfica. Maldoror dice que en un libro sobre la historia del cine erótico, sólo hay mención de alguna que otra cinta *made in Mexico*, principalmente con elencos de mujeres y animales. El reto más grande para ellos fue encontrar chavas propicias a la obra. «Tardamos años en eso», dice Maldoror. «Buscamos en los *table*, en los burdeles, y nada. Por fin, ellas nos encontraron a nosotros».

Por ejemplo, conocieron a una edecán —que tiene letras chinas tatuadas en su pubis, que quieren decir, entre otras cosas, *amor*, *eternidad* y *Dios*— en una feria erótica. Otra fue recomendada por un amigo en común, que trabaja en una sala de tatuajes.

Maldoror y Tirielle afirman que la dificultad para encontrar mujeres se debe a la notoria doble moral mexicana, pero la verdad es que tampoco existe un gran estímulo económico. Ellos sólo les pueden ofrecer entre tres mil y diez mil pesos por hacer una escena, y el trabajo es muy, pero muy eventual. Una teibolera puede ganar esta cantidad y más todas las semanas, sin tener que someterse a una penetración masculina. Una prostituta hace lo que hace sin ser filmada, ni hablar de la evidencia en venta afuera de todos los metros de la ciudad.

De hecho, la única participante de *Fetiches mexicanos I* que se ha comprometido para *Fetiches mexicanos II*, es la Giselle, del amigo tatuador. Dos semanas después de que *Fetiches mexicanos I* saliera a la venta, una vecina le informó a la madre de Giselle en qué estaba su hija. La madre, testigo de Jehová, echó a su hija de diecinueve años a la calle.

«Ella está con nosotros», dice Maldoror. «Se ha puesto la camiseta de volverse estrella del porno». Quizás la primera del imperio. Quizás, como observó Humbert Humbert de su prisionera Lolita, porque ya no tiene adónde ir.

BAILANDO POR UN SUEÑO

Al ritmo de salsa, Misty Rain apareció en el escenario en un atuendo que recordaba a Carmen Miranda, pero sin el sombrero de frutas. Su falda de color púrpura tenía un corte hasta el cinturón, que permitía ver unas piernas esculturales encima de los tacones de plataforma.

Estrella de más de doscientos videos pornográficos en Estados Unidos —entre los que incluyen *Mujeres uniformadas*, *Arresto domiciliario* y *Arsenal anal*— recientemente realizó una breve temporada en un antro de *table dance* en el Centro Histórico, ubicado en un *mall* dedicado al negocio del sexo. Poco después de llegar a la plataforma, se despojó de las plumas, las lentejuelas y lo demás del vestuario carnavalesco, con excepción de los zapatos. Su cuerpo esbelto y alto dejó al público sin aliento.

El *performance* de Misty Rain contrastaba con lo que uno espera encontrar en un *table* de la ciudad. Para empezar, el cuerpo de la *vedette* no tiene nada que ver con las formas tamalescas de sus compañeras nacionales. A juzgar por la sonrisa juguetona, el centelleo en sus ojos y su actuación desafiante, parecía disfrutar de su trabajo, a diferencia de las teiboleras mexicanas, que suelen cumplir sus diligencias con una actitud de desgana inmensa.

La estrella también contaba con unos trucos que ni se les ocurrirían a sus comadres locales. Por ejemplo, tiraba cuentas multicolores a los espectadores, estilo Mardi Gras de Nueva Orleans. También regalaba paletas, colgadas de los aretes de sus pezones, para los hombres del público suficientemente atrevidos como para tomarlas con la boca. Luego bañaba su cuerpo con aceites, lociones y crema batida, lubricándose para el clímax, que involucraba un juguete de proporciones alarmantes, que Misty se introducía por diversos orificios.

«Es tuya», susurraba la boletera a los oídos de los asistentes. «Una canción, cuatrocientos pesos. Tres canciones, mil cien». Los machines del público eran más dados a pagar por una foto con ella, o a comprar uno de los videos que vendía después de sus actuaciones. Pocos se lanzaban al privado, quizás temorosos de que ella se los comiera vivos.

El día después de su actuación, tomando un café en la terraza de un hotel que da al Zócalo, Misty Rain explicó que su aparición en México forma parte de una gira por varios países del mundo: República Checa, Italia, España, Francia y Estados Unidos, donde, dijo, hay más prohibiciones que en cualquier otra parte.

«No me dejan desnudarme. Siempre hay que tener algo puesto. No puedo usar el *dildo*», explicó. «Aquí me dejan ser más *hardcore*. Aunque me sorprendió que las otras muchachas no se quitaran las tangas». También le impresionó el pudor de las mexicanas ante la sugerencia de hacer bailes conjuntos en el escenario. No lo hacían, punto, mientras que en Estados Unidos, calcula que el noventa por ciento de las niñas están dispuestas al lesbianismo simulado.

En Europa hace sus actuaciones en discotecas. «Todo el mundo está bailando y luego hacemos el *show*. Reparto los regalos y vendemos las fotos y los videos. No hay privados». Por sus actuaciones gana seiscientos cincuenta dólares al día, con los viajes y gastos pagados.

Acompañada por Chad Thomas, su compañero y coestrella durante más de una década, Misty Rain comparó la industria pornográfica de hoy en día con la que tuvo contacto cuando empezó a principios de los años noventa. «Antes era más pequeña y familiar. Todo el mundo se conocía. Ahora es más competitivo. Las chicas quieren ganar mucho dinero rápidamente y después salir».

Lamentaba Thomas: «Antes, nos pagaban en efectivo al final del día. Ahora hay nómina, tienes que pagar impuestos al gobierno y esperar una semana hasta que te den el cheque». Opinaba que si parte del trabajo consiste en una penetración anal, lo menos que un artista puede esperar es el pago al terminar la jornada.

«Estamos acercándonos al final del camino», dijo Misty Rain. «Unas películas más, y luego queremos hijos. He visto muchas chicas acabadas por el negocio. A diferencia de ellas, creo que tienes que usar el negocio. Si no gastas todo tu dinero en *shopping* y drogas, puedes acabar bien».

A WALK ON THE WILD SIDE

Nadie ha sufrido el frío descomunal de los meses de invierno más que Martha. Ella pasa todas las noches en una esquina de Insurgentes Sur, desde las diez hasta que el cuerpo aguante. Se viste de minifalda, medias de red, tacones altos y un top que deja su ombligo al aire: busca clientela. «Ando casi encuerada. La que no enseña no vende, mi amor», dice.

No se cree travesti. Según ella, un travesti es un hombre que se transforma en mujer en ciertas ocasiones: «Como Francis», cuenta. «Yo soy una *cüina*. Todo el día y toda la noche ando de mujer».

¿Pero *se siente* mujer? Martha reflexiona antes de contestar: «Me gusta aparentar que soy mujer y sentirme mujer. Pero mujer no soy. No me siento hombre. Tengo relaciones como hombre porque algunos clientes me lo piden». Dice que para evitar problemas, antes de cerrar el trato, siempre declara lo que es. Los que van con ella entienden muy bien: «La mayoría de los clientes —olvida la mayoría, el cien por ciento de ellos— me pescan el pene».

«En este negocio si no hay dinero, no hay nada», continúa. Ella pide su pago por adelantado y si no se lo quieren dar, dice: «Lo siento, me voy». Martha cobra ciento ochenta pesos por sexo oral, cuatrocientos cincuenta pesos por una relación y más por ciertas fantasías. Por ejemplo hay clientes que quieren sexo al aire libre y les cobra mil pesos. «Y si llega la policía, es culpa del cliente. No voy a decir en dónde porque eso nos puede perjudicar. Los vecinos pueden quejarse de que hacemos cochinadas en la calle».

En raras ocasiones ha ganado hasta cinco mil pesos en un tiro. «Pero eso es toda la noche, mi amor. Hay ciertos clientes que pagan muy bien. Pero ésos son los que quieren bailar hasta la madrugada. Siempre quieren drogarse. No faltan los que te ofrecen. Y tienes que decirles que son los mejores».

Suele dar servicio dentro de coches y en cuartos de hotel. El mejor hospedaje que le ha tocado es el Krystal de la Zona Rosa y dice que el peor es: «Uno de a treinta pesos en Tlalpan. Hasta el cliente se quejó. Le pregunté: "¿Qué esperabas por treinta pesos?". Ni me acostaba en la cama. Ni me quité los zapatos».

Ha sufrido lo peor en manos de los policías. «Te golpean horrores. Te humillan. Te quitan el dinero. Te dejan tirada lejos de todo. A veces vienen en caravanas. Me han violado. Prefiero darles quinientos pesos para que no me hagan sexo... ¿Quién sabe con qué niñas mugrosas han estado sin condón?». En las relaciones de Martha hay uso estricto del preservativo. Además va a una clínica a cada rato para que le hagan la prueba del sida.

Martha es tapatía y salió de su casa a los once años. Prefiere no decir por qué. «Son problemas familiares, cosas sentimentales». ¿Le pegaron, la violaron? «Todo lo que te puedas imaginar y más». Trabajó en la calle como muchacho hasta los catorce años y luego empezó a vestirse de mujer. A los quince se fue a la cárcel de menores. ¿Cómo sobrevivió a la dureza del bote? «Haciéndome fuerte. No me quedaba otra».

Se enamoró de un compañero en la cárcel que le llevaba un par de años. Luego ella salió y nunca volvió a verlo. «De vez en cuando pienso en él», dice. «Sólo en ciertos momentos. No es lo mismo». Hace poco terminó una relación que duró dos años con un hombre que trabaja de supervisor en una tienda departamental muy conocida.

A los dieciocho años, Martha llegó al D.F. por primera vez. Y en quince días estaba de regreso en Guadalajara. Las otras «chavas» no la dejaban trabajar, la agredían y le pegaban. Llegó a la capital de nuevo hace cuatro años y no puede imaginar una vida en otra parte. «Me gusta bastante el D.F. Es una ciudad que no duerme». Ni de broma volvería a Guadalajara: «La policía no te deja. No quieren a los travestis. Si eres gay o travesti, te levantan hasta en tu casa, en el súper, en el mercado».

Ser Martha sale caro. Dice que en una sola excursión para surtirse de maquillaje gasta dos mil pesos. Su visita al salón de belleza cuesta mil más. «En ropa, lo que quieras... estos zapatos, por ejemplo, me costaron mil pesos». Su cuerpo delgado es una combinación de la naturaleza y de lo que el dinero puede comprar. Sus senos, «chiquitos pero sabrosos» como dice la canción, son el producto de centenares de inyecciones de hormonas que le cuestan cuatrocientos pesos cada semana. Las hormonas también le quitan el vello púbico. Su barba es tan suave como la piel de un bebé. «Así es mi familia. No nos sale nada», explica. Sus labios son carnosos por el colágeno y su nariz de modelo sueca es el resultado de una cirugía. Un tratamiento «de anticuerpos» para expandir sus caderas le dejó el trasero color morado. «Lo que me pasó es otro reportaje, mi amor», dice. «Si pagan, pueden tomar fotos y todo».

Aparte de sus frivolidades, Martha tiene cierta conciencia política: participa en marchas gay y da su tiempo a un grupo que lucha por los derechos humanos.

No se imagina otra forma de vivir. «Te acostumbras al trabajo. Si me pagas quinientos pesos, mañana me quedan doscientos. Pago treinta y cinco por el desayuno, treinta y cinco por la comida, unos veinticinco más por la cena. Luego lo que sobra para las medias, las pestañas. Si yo me retiro de esto, ¿cómo voy a ganarme la vida? ¿Lavando platos? Tengo que pagar mil quinientos pesos de renta. ¿Qué más me queda? ¿Qué empresa me va a dar empleo? En serio, ¿me van a dar trabajo en tu periódico?», pregunta.

Cuando un reportero le pregunta lo que la hace feliz, Martha pone cara de perplejidad. Y reflexiona: «Echar desmadre con mis compañeras en un bar gay. Y ya. No somos felices como mucha gente. No tenemos familia aquí». Su madre vive en Ciudad del Carmen, Campeche. Martha la visita una vez al año. «Ella es la única que no te rechaza. Los demás, hasta que te asimilan. Ahora todos los de mi familia me hablan con mi nombre de mujer». No quiere decir qué nombre aparece en su acta de nacimiento.

Martha tiene veintiséis años. No sabe qué hará la semana que viene. Es un futuro lejano, abstracto: «Soy una de esas personas que viven el momento. Pero no creo que vaya a llegar a vieja, por la vida que llevo».

AGRADECIMIENTOS

Me parece que este libro es el resultado de una serie de situaciones afortunadas. Quiero agradecer a Eduardo Rabasa y a todo el equipo de Sexto Piso por su trabajo de edición. Sin embargo, también quiero reconocer a los muchos editores en la ciudad de México que me han abierto las puertas para publicar notas en sus periódicos y revistas. En particular, a Sergio González Rodríguez, Rogelio Villarreal y Alejandro Páez, que difundieron versiones anteriores de algunas de las notas de este libro, en *Reforma*, *Replicante* y *Día Siete*, respectivamente. Pero en especial quisiera agradecer a Guillermo Osorno, que publicó inicialmente la mayoría del material de este libro en la revista *DF* por *Travesías*. Cuando en el año 2003 me ofreció un trabajo en esta publicación, verdaderamente me dio las llaves de la ciudad.